U0461236

于临时产业集群视角的展览会

识扩散：机制、网络与效应

钟迪茜 著

...nledge Diffusion at Trade Fairs from a Perspective of Temporary Clusters: ...hanism, Network and Effect

由国家自然科学基金青年科学基金项目《虚拟蜂鸣与全球蜂鸣的交互：虚实空间耦合下的会展知识扩散机制研究——基于临时产业集群视角》（项目号：42101230）资助出版

重庆大学出版社

内容提要

创新驱动发展作为当前重要的发展战略，亟须找到促进知识要素向企业集聚，触发产业创新裂变的支点。展览会作为新产品展示交流的重要生产性服务业，构成了临时产业集群，牵引知识跨尺度传播与推动产业创新，正是撬动该支点的关键性力量。本书基于临时产业集群视角，探析展览会为何能与何以能在产业创新中担负重要作用，从机制、结构、效应三个方面层层递进地剖析展览会的知识扩散现象。首先，本书梳理展览会的知识扩散机制，解释展览会这一特殊空间促进知识扩散的关键要素与交互机制。其次，将展览会的知识扩散视为一个网络，追踪知识扩散轨迹，还原知识扩散结构。最后，剖析展览会知识扩散对企业与产业的影响与效应。本书呼吁重视展览会促进产业创新的价值，希望为相关政府部门、展览业专业人士、学者与相关从业人员带来新的思考与启发，助力发挥展览业产业带动效应促进我国经济高质量发展。

图书在版编目(CIP)数据

基于临时产业集群视角的展览会知识扩散：机制、网络与效应 / 钟迪茜著. --重庆：重庆大学出版社，2023.11

ISBN 978-7-5689-4043-6

Ⅰ.①基… Ⅱ.①钟… Ⅲ.①展览会—研究 Ⅳ.①G245

中国国家版本馆CIP数据核字(2023)第185842号

**基于临时产业集群视角的展览会知识扩散：
机制、网络与效应**

JIYU LINSHI CHANYE JIQUN SHIJIAO DE ZHANLANHUI ZHISHI KUOSAN:
JIZHI WANGLUO YU XIAOYING

钟迪茜 著

策划编辑：尚东亮

责任编辑：姜 凤　　版式设计：尚东亮
责任校对：邹 忌　　责任印制：张 策

*

重庆大学出版社出版发行
出版人：陈晓阳
社址：重庆市沙坪坝区大学城西路21号
邮编：401331
电话：(023)88617190 88617185(中小学)
传真：(023)88617186 88617166
网址：http://www.cqup.com.cn
邮箱：fxk@cqup.com.cn(营销中心)
全国新华书店经销
重庆升光电力印务有限公司印刷

*

开本：720mm×1020mm 1/16 印张：12.25 字数：177千
2023年11月第1版　2023年11月第1次印刷
ISBN 978-7-5689-4043-6　定价：58.00元

前 言

　　会展业是一个充满活力的产业,涵盖商业活动、文化节庆、体育赛事、娱乐休闲等领域。国内多个城市出台会展业专项管理与激励办法,将会展业作为激发城市发展活力的重要抓手。其中,经贸类展览会(trade fair,以下简称"展览会")备受学界与业界的重视,常以"会展"一词代称。我国展览业也已形成了可观的规模和影响力,早在2011年我国举办展览会的数量与面积已跃升至全球第二位①,2019年全国举办展览会多达10 899场②。

　　作为以企业为参与主体的B2B(Business to Business)商贸活动,展览会的带动效应一直以来是社会各界关注的议题。早期研究关注展览会作为商务旅游中的吸引物引致旅游流及其消费产生的区域带动效应,例如,为举办地带来高额经济收益、酒店业空间分布更新、土地升值等区域经济影响。研究也证明了展览会吸引更多以参展为首要目的的商务游客,消费力比普通观光游客显著更强。罗秋菊教授曾以2010年的中国进出口商品交易会(广交会)和广州亚洲运

---

① 资料来源:国际展览联盟,Global Exhibition Industry Statistics,2014。

② 资料来源:中国会展经济研究会. 2019年中国展览数据统计报告[EB/OL]. (2020-07-30)[2020-02-20]. http://www.cces2006.org/index.php/home/index/detail/id/13890. 2020—2022年展览会数量与面积均受新冠疫情的影响,因此此处使用2019年数据说明常态规模。

动会(亚运会)进行对比,发现广交会在广州市产生的经济影响是亚运会的4.71倍,而且广交会游客的人均消费是亚运会游客的9.58倍,足见展览业对城市消费拉动的价值。然而,展览会的生产性服务业属性是被低估的。虽然,微观研究关注展览会中参展商和观众的目的、动机、行为、收益及影响收益的多元因素,但仍不足以刻画出展览会作为生产性服务的带动效应。

展览会在经济发展中的作用更重要的是为第一、二、三产业的众多行业提供了商贸交流平台,研究呈现对展览会之于产业创新作用的转向。随着知识经济的升温,企业知识及其创新能力成为企业竞争的核心竞争力。如今,我国发展的驱动力正由劳动力、资源能源、投资转向科技创新,我国许多产业长期以来陷于高消耗、低利润、处于全球价值链中低端,受制于人的发展困境亟须被打破,瞄准国际创新前沿的自主创新是重要的突破口。自中国共产党第十八次全国代表大会以来,科技创新被提升到国家发展全局的核心位置。《中华人民共和国国民经济和社会发展第十四个五年规划和2035年远景目标纲要》进一步明确了坚持创新在我国现代化建设全局中的核心地位,构建以企业为主体的创新体系成为重中之重。展览会这一临时的关系空间,将来自各地的客户、竞争者、供应商集中在同一空间,为企业提供了与异质化知识源高效互动的场域,大大降低了企业知识搜寻的成本与风险,促进产业创新的价值突显。尤其是行业龙头展览会通常成为所在题材行业的年度盛事与焦点,被誉为行业发展的风向标,引领行业创新。而且,与产业集群、企业合作、商务出行等企业获取外部知识的一般方式不同,展览会是短时间内全产业链集聚产生的全球(全国)知识快速流动,嵌入全球—地方创新网络的知识多尺度溢出之中。其中,关键性结论为展览会构成了临时产业集群。Maskell等(2006)首次正式提出该理论观点,展览会可视为在短时间内将全球(区域)某一产业上中下游浓缩于一个特定的空间,发生与永久产业集群相似的基于产业价值链的知识交换,但以临时、定期、高强度的形式存在。临时产业集群的提出,为剖析与理解展览会对以企业为主体的产业创新提供了重要的理论工具,也是本书的理论基础。

本书正是聚焦展览会的临时产业集群属性,展览会为何能在行业创新中担负重要作用,知识在其中如何扩散,形成什么样的扩散网络和效应,具有什么特点?本书将对展览会知识扩散展开研究,研究目标有三:其一,从展览会的整体层面入手,系统化梳理展览会知识扩散机制,研究展览会如何促进知识扩散;其二,选取横向知识扩散截面,临摹知识的横向扩散网络,探讨展览会机制下的知识扩散具有什么样的结构与形态;其三,探讨展览会知识扩散产生了何种效应,及其对企业与产业的后续发展与创新产生了什么影响。因此,推进展览业作为生产性服务业在产业发展中重要价值的理解,并促进展览业助推创新驱动发展,助力我国高质量发展。

本书从构思到出版断断续续历时十年。2013年的某个午后,我的硕士导师罗秋菊教授向我讲述了她的想法,并请我以临时产业集群为题开展毕业论文的研究。为了完成论文,我参观了广州和深圳的多个展览会,通过更多的观察促进理解并为研究打下基础。所幸的是,在罗老师的指导和支持之下,论文顺利完成并陆续发表,其间也持续开展相关调研,甚至还衍生出我的第一个国家课题。在此对罗老师多年以来在学术发展和人生道路上的教诲致以衷心的感谢。此外,感谢我的博士导师保继刚教授。在我攻读博士期间,保老师一直鼓励我继续探索会展相关的话题,他的宏观战略思维与制度经济学见解,补充了我在视野和理论上的短板。感谢重庆大学出版社的支持与协助。感谢对于论文和书稿给予宝贵建议的各位老师和同仁。感谢曾经参与和帮助过本书调研的各位伙伴,包括陈婉欣、王骏川、李艳平、余梦娇、翟雪婷、郑雅馨、高璐、郭梓岩、卢颖、江雨欣。感谢所有受访者的慷慨相授,在展位忙碌中抽空耐心解释,在展馆通道休息时娓娓道来,书中不少的归纳都得益于他们的启发。

　　如今,展览业对我国产业转型升级与高质量发展的促进作用愈发受到重视。展览业需要也应当在我国高质量发展中发挥出应有的作用和价值。本书希望通过系统的解构与归纳,让更多人了解展览业并能够将之转化为杠杆,推动产业创新的长足发展和整个社会的高质量发展,最大化展览业的生产性服务业效能。本书的未尽之处还请读者批评指正。

钟迪茜

2023年10月于华南师范大学

目　录

图目录

表目录

第1章　绪　论

1.1　研究背景

1.1.1　现实背景

1)知识经济背景下展览会成为知识传播热点

知识经济是当今世界经济的热点。继资本、土地等传统资源后,知识成为企业获取竞争力的重要资源。知识经济是以知识为基础的经济形态,产品与服务基于知识密集型活动,科技发展与更新换代速度加快,智能取代物质投入成为经济发展的重要生产要素(Powell et al., 2004)。知识作为影响企业发展的重要因素,受到的重视与日俱增。

在知识经济背景下,国际展览会(international trade fairs)成为全球行业知识传播的热点载体。国际旗舰展览会的举行,往往成为行业的年度盛事,吸引全球的关注,甚至引领行业的未来发展方向。德国汉诺威工业博览会(hannover messe)是全球工业贸易的旗舰展览会,被誉为世界工业发展的晴雨表,2022年共吸引全球多个国家或地区的75 000名专业观众,2 500余家参展企业现场参展,展会中关于工业4.0、人工智能与机器学习、机器人、能源4.0等前沿问题的讨论引发业界关注，被认为对推动工业转型与未来发展发挥了重要作用[①]；德国杜塞尔多夫国际医院及医疗设备展览会是世界行业关注的著名展会之一，被誉为全球医疗行业的风向标，2022年吸引了来自70个国家或地区的5 000余家参展企业与81 000名专业观众参展[②]。旗舰行业展览会已然成为行业焦点，对行业发展的影响力意义深远，引领行业发展潮流。

那么，举办时间仅短短几天的展览会为何能对特定产业形成世界（或区域）范围内的影响力，影响力又如何发生作用？在此背景下，展览会知识扩散研究具有现实意义。

2)展览会的功能与作用已经开始向行业知识增进转变

展览会（trade fair），也称商贸展览会，是一种B2B（business to business）的沟通模式（Gopalakrishna et al., 2010）。展览会并非经济的新产物，早在1851年的英国就已经出现，但在20世纪80年代后地位才得以凸显（Rogers, 2007）。

半个世纪以来，展览会作为国内外贸易的助推器，是企业市场营销的重要途径（Rosson et al., 1995；Sharland et al., 1996；Herbig et al., 1997）。展览会为来自世界（或全国）各地的供应商与客户提供了面对面交流的平台，助其达到新产品推广、建立客户联系与获得订单的目的（Banting et al., 1974），是新市场开拓的低成本途径（Bellizzi et al., 1984；O'Hara et al., 1993）。在市场营销导向下，订单数与成交额等销售收益成为展览会成功的首要评估标准，订货会、采购会、进出口商品交易会等以销售为目的的展览会占据主导地位。

然而，随着经济全球化进程的推进，展览会的作用已经远远超越了其营销渠道的意义。展览会集中展示行业最前沿的发现与产品，比较产品、了解竞争对手、测试市场反应（Maskell et al., 2004）、搜集行业信息等非销售活动成为企

---

① 资料来源：汉诺威工业博览会，2022年汉诺威工业博览会展后报告。

② 资料来源：德国杜塞尔多夫国际医院及医疗设备展览会，2022年展后报告。

业持续创新与改进的重要推动力量(Porter,1998),对企业未来的销售计划、战略决策、政策制定等方面影响深远,其所产生的无形收益更加值得关注(Bettis-Outland et al.,2010)。展览会成为行业信息的集散地,由订货会与交易会模式向现代展览转型,销售功能逐步弱化。可以说,展览会成为行业交流与信息传播不可替代的平台。

因而,本研究在展览会功能与作用的潮流转向之下开展,具有现实必要性。

3)对展览业地位深化认知的需要

展览业对社会经济发展的推进作用已得到社会的广泛认可,被喻为“城市面包”与“城市经济增长的火车头”,展览业的富矿效应引起了我国展览业的迅猛发展,近年来,以年均20%的速度超速发展(罗秋菊 等,2004)。

目前,对展览业重要地位的传统理解还停留在经济影响与拉动效应上。展览业具有各要素空间分布的高集聚性、投入产出的高效益性、经济高关联性等特点(罗秋菊 等,2004),许多研究验证了其对经济的影响与拉动作用。Braun(1992)对美国奥兰多会展业经济影响的评估显示,会展业全年创造了就业岗位65 000个,经济收入4.47亿美元,0.88亿美元当地税收与0.15亿美元联邦税收;“香港展览业对香港经济的整体贡献研究”显示,2010年展览业为香港经济带来约358亿港元(46亿美元)的收入,相当于香港本地生产总值的2.1%。罗秋菊等(2011)运用投入产出模型评估广交会对广州市的间接经济影响,研究显示,一届广交会对广州市的直接与间接效应合计为163.24亿元,其中间接经济效应为107.98亿元,直接与间接效应之比为1∶1.95。展览业集聚效应所产生的经济影响与拉动作用显著。

值得一提的是,展览业被称为生产性服务业,但人们对此的理解还不充分。生产性服务(producer services),也称为生产者服务,是指被其他商品和服务的生产者用作中间投入的服务(Greenfield,1966),是为生产者提供的服务。经济影响与拉动作用主要是展览会对消费部门的影响,而作为生产性服务业的一种,其对生产部门的影响还有待深化解答。从企业层面来说,展览会提供面对面交流的B2B沟通平台,为企业的贸易与交流需求提供服务,属于典型的生产性服务业。展览会作为行业前沿知识的集散地与行业交流平台,对企业未来战略决策起指导作用,是生产性服务业特征的重要体现。从地区层面来说,以城市或区域优势产业为题材的展览会的举办,服务于地区产业的发展,使本地产业在短时间内成为全球或者全国同一产业链上下游企业的焦点,是巩固产业优势地位,加强领先作用的重要时机。因而,需要强化对展览会生产服务特性的理解。

可以说,对展览业作为生产性服务业理解得不到位,导致社会对展览业在城市经济发展中重要地位的理解缺失。因而,回归展览会的本质,审视展览会作为生产性服务业具有什么优势,是非常有必要的。

1.1.2　理论背景

1)展览会具有知识扩散功能,近年来受到研究关注

国外有关展览会的研究已超过60年历史。国内外展览会研究可分为宏观与微观两个层次。宏观研究解决展览业层次的问题,关注展览业对区域的经济与社会影响;微观层次研究则解决展览会中参展商与专业观众层次的问题,关注参展商与专业观众在展览会中的目的、动机、行为与收益等问题。

纵观展览会的研究历程,微观层面上对展览会的认知研究,逐渐从展览会作为营销工具,向展览会作为信息交流平台转变。长期以来,学界关注展览会的营销优越性,研究围绕企业的销售活动(selling activities)展开,关注参展商与专业观众的行为(Gopalakrishna et al., 2010;Tanner et al., 2001),以及如何在展览会上获得营销成功(Tanner et al., 1995;Tanner, 2002;Ling-yee, 2007),该类型研究具有明显的"买—卖"行为导向。在20世纪90年代末,展览会中的非销售

行为逐渐引起了关注。Sharland等(1996)针对展览会的非销售活动价值研究具有开创意义。随之,研究焦点开始向非销售目的转移,有学者研究在展览会中获取竞争者、供应商与技术信息等行为,企业的信息搜索行为开始引起关注(Sharland et al., 1996),还有学者研究展览会中信息的收益(Bettis-Outland, 2010),但该方面的研究仍不多见。

随着知识经济的升温,知识的概念也进入了展览会研究领域。展览会的知识扩散功能受到关注,最早源于产业集群知识管理研究。产业集群中的企业通过参加展览会,获得接触集群外远距离知识库(knowledge pool)的机会(Maskell et al., 2006),从而获取外部知识(Rychen et al., 2008;Ramirez-Pasillas, 2010)。已有研究肯定了国际展览会作为产业知识的热点,成为世界经济中心点之一的观点(Bathelt et al., 2010;Schuldt et al., 2011),并认为其对企业的投资与研发决策具重要支持作用(Bathelt et al., 2008;Outland et al., 2010)。

自此,展览会商贸功能所溢出的行业知识扩散现象逐渐引起学者的注意。展览会研究的视野不再局限于营销意义和价值,而提升至对企业经营决策的战略影响。展览会在知识经济中具有什么地位,在知识扩散与产业创新中有什么影响与作用,展览会中知识如何扩散,则成为学界想进一步探讨的问题。

2)展览会知识研究开始起步,展览会被视为临时产业集群是重要成果

展览会知识研究开始起步,其研究焦点为知识分享在展览会中的作用与地位(Reychav, 2009),以及参展商与专业观众的学习行为(Lee-ying, 2006)。事实上,展览会知识研究还是很缺乏的,其原因在于研究的难度,研究难点主要有三点:①展览会是一个复杂系统,主体关系多样化,人与人、人与物交互关系的归纳具有难度;②展览会举办时间短,而学习是一个长期的过程(Reychav, 2009),应如何剥离成为难点;③大部分知识是隐性与不可见的,新知识往往难以用言语表达,隐藏于产品、技术、人力资源之中,因此,在实际研究中是抽象的、难以识别的,为研究的追踪造成了新困难。由此,借用其他研究领域的理论基础,寻

找合适的研究视角就显得很有必要。现有展览会知识研究视角包括社会交换（social exchange）视角（Reychav, 2009）、关系学习（relationship learning）视角（Lee-ying, 2006）与临时产业集群（temporary cluster）视角。

特别需要说明的是，Maskell 等（2006）首次正式提出临时产业集群的概念。缘起于经济地理学，该视角从地理空间的角度理解展览会中大量人流与物流集聚所引发的知识交换活动，为研究提供了非常契合的切入点。部分研究已经以临时产业集群视角对展览会开展了一系列探究，包括 Bathelt 等（2008, 2010）、Schuldt 等（2011）。Maskell 等（2006）认为展览会可视作临时产业集群的主要依据有二：其一，展览会中，尤其是国际展览会，同一产业链各类企业发生了空间上的短期集聚，可视为在短时间内将某一产业的全球（区域）市场压缩于一个特定的空间；其二，展览会中，基于产业价值链的横向与纵向知识交换，与永久产业集群（permanent cluster）是相似的，但以临时、定期、高强度的形式存在。集群是一群同一产业领域由共性与互补性联结起来的，相互联系的企业或组织机构（Porter, 1998）。罗秋菊等（2007）的实证研究也发现，专业观众类型是以参展商为中心的纵横交错、非常完善的产业链。展览会是在同一地点聚集特定产业的供应商、经销商、相关服务商，设立展台展示产品与服务的活动（Black, 1986），与产业集群的地理邻近、产业关联性、社会网络性等特征均有共通之处。因此，临时产业集群视角体现了展览会的本质特征。可以说，立足于产业集群相关研究，对突破展览会的复杂性与知识的抽象性等研究难点都有帮助，与其他视角相比更具优越性。

目前，临时产业集群视角下的研究主要关注展览会中知识扩散与知识创造的交互行为。产业集群研究认为，地理邻近是促进集群中知识扩散的重要因素，企业在同一空间的集聚创造了面对面交流的机会，有利于企业之间的非正式交流、观察与学习（Storper et al., 2002；Malmberg et al., 2002；Dahl et al., 2004；Crevoisier, 2004），形成了"本地蜂鸣"的知识扩散场域（Gertler, 1995；Storper et al., 2002）。现有有关临时产业集群的研究主要沿这一思路开展，从"本地蜂鸣"

引申出"全球蜂鸣"的概念,以此阐述展览会中的交流方式及其对知识扩散的促进作用(Bathelt et al., 2008;Schuldt et al., 2011)。

综上,展览会知识研究的数量和深度均尚处于起步阶段,临时产业集群视角为其提供了有利的切入视角。同时,要深刻理解展览会在产业知识扩散与产业创新中的作用与地位,还需对展览会中知识扩散机制与结构进行深入阐释。

3)产业集群的知识扩散研究逐渐深化与多元化,并成为研究焦点

产业集群研究也经历了研究转向,对企业获得竞争优势的认识,从传统生产要素(资本、土地、劳动力等)转向由本地企业构成的动态知识共同体或知识传播网络(Boschma, 2005)。传统的产业集聚理论可分为经济理论和社会经济网络理论两个派别。经济理论主要从传统的生产要素分析,如韦伯的集聚理论、马歇尔的产业区论述,强调资源、成本、交通等生产要素在企业集聚后获得竞争优势。社会经济网络理论关注经济活动所处的制度和社会文化环境。越来越多的学者认识到,产业集群不仅为企业带来分工与专业化的灵活性与成本优势,也促进了知识的扩散与创新(Porter, 1990, 1998;王缉慈, 2001;徐乾, 2009)。创新的过程已经变成一种网络过程,同一特定产业领域的企业集聚于邻近区域形成产业集群,他们相互联系与关联,并共享相同的制度、社会、文化环境,促进了知识的传播与创新(Porter, 1998;Maskell, 2001),结成了创新网络(Freeman, 1991)。产业集群作为创新的空间,研究强调主体间的关系、知识流动和交互(Nonaka et al., 1995;Arndt et al., 2000)。

产业集群如何促进知识扩散,知识扩散有什么特点,一直以来是该领域研究的重点。早期研究认为,企业集聚所产生的地理邻近引发知识在区域中的溢出与传播(Storper et al., 2002)。Marshall(1964)的"产业空气"(industrial atmosphere)观点就是典型代表。产业集群中知识不经意就会溢出,如同空气一般被分享和传播,被集群中企业轻易获取,不断提升集群现有的知识存量。因此,集

群中所有企业都可以受惠，知识均匀扩散。然而，认知角度的研究则认为这是片面的，提出了三个新观点：①知识扩散并非均匀的（Huber，2012；Nooteboom，2000；Lissoni，2001；Giuliani，2005；Giuliani et al.，2005），共同存在不等于具有知识层面的联系；②企业的异质性影响其在知识扩散中的位置与角色（Boschma et al.，2007；Boschma et al.，2002），行业领先企业在集群知识扩散中起主导作用（Lissoni，2001；Giuliani et al.，2005；Genet et al.，2012）；③认知邻近是企业间知识扩散的基础（Huber，2012；Boschma et al.，2007；Lane et al.，1998），认知差距过大会造成知识无法扩散（Giuliani，2005）。随后，社会邻近、组织邻近等更多角度开始显现。由此可见，产业集群知识扩散研究经历了从地理因素单一论向多元与全面的转变，人们对产业集群和知识扩散促进作用的理解越发全面与深入。

与此同时，网络建模等研究方法逐渐兴起，社会网分析与仿真实验成为热门，体现了将产业集群视为创新网络的转变。两种方法的运用使得对知识扩散的网络结构与其影响研究成为可能（Xuan et al.，2011；Kamath，2013；Reagans et al.，2003）。尤其需要说明的是，社会网分析擅长于关系的分析，体现集群企业的社会联系与由知识扩散产生的联系，很好地还原了知识扩散的结构与形态（Casanueva et al.，2013；Kim et al.，2009）。殷国鹏等（2006）认为，社会网分析是隐性知识的分析工具，将不可见的知识与信息扩散转变为清晰的图景，并以中国人民大学经济科学实验室为案例进行验证。仿真实验则为研究者提供了探索知识扩散最优网络的工具与支持（Xuan et al.，2011；Kamath，2013）。

综上，顺应知识经济的潮流，产业集群研究焦点向知识管理转移，网络建模研究方法得到越来越广泛的应用，形成了较为成熟的研究体系。丰厚的研究成果与理论为本书对展览会中知识扩散的研究提供了重要的知识基础。

1.2 研究问题和研究意义

1.2.1 研究问题

展览会作为知识扩散的空间,值得进一步深入探讨,具有重要的现实与理论意义。然而,现有研究仍处于初级阶段,对知识如何在展览会中扩散,以及具有什么结构特点的理解仍很单薄,尚未成系统。基于此,本书中研究目的有三:首先,从展览会的整体层面入手,对展览会知识扩散机制进行系统化梳理;其次,在此基础上,选取横向知识扩散截面,临摹展览会知识的扩散网络,探讨在展览会的机制之下,形成什么样的扩散结构与形态;最后,探讨展览会中知识扩散对企业与产业后续发展产生了什么效应。

研究问题的三个子问题细化如下。

①展览会知识扩散机制如何:知识在展览会举办过程中如何扩散? 展览会中的知识扩散机制由哪几个部分构成? 组成部分之间如何交互?

②展览会知识扩散网络结构如何:聚焦知识沿着产业链横向方向扩散,展览会形成一个什么样的知识扩散网络,具备什么结构特征? 反映出展览会知识扩散的什么特点?

③展览会知识扩散产生了何种效应:展览会知识扩散对企业与产业的后续发展与创新产生了什么效应与影响?

1.2.2 研究意义

1)现实意义

本书的现实意义可分为三个层面。

在产业经济层面,有利于更好地理解展览会作为生产性服务业在产业发展中的重要作用。一方面,明晰展览会与产业发展之间的互促作用;另一方面,更好地理解展览会作为企业外部知识获取的途径,具有什么作用与特点,为企业有效整合外部资源提供启示。

在展览业发展层面,更准确地理解展览会的功能,剖析展览会获取行业公信力的关键,为我国展览业升级与扩大影响力提供理论指导;同时,有利于政府相关部门更好地理解展览业,进而充分发挥展览业对地方发展的促进作用。

在展览会实践层面,展览会中企业交流及市场最新技术与趋势展示所引发的知识扩散,是现代展览会的重要特点。了解展览会的知识扩散机制,是理解现代展览会的重要途径。本研究可为后续展览会的举办提供相关指导与建议,例如如何有效营造展览会中的行业交流,提升参展商与采购商的满意度,增强展览会的行业影响力,提高展览会的品牌效应。

2)理论意义

本书的理论意义主要有三。

一则,关注展览会中知识扩散的规律,回应展览会研究从交易行为向行业创新的转向。在现有研究体系中,选取专业性展览会进行聚焦,进一步研究展览会知识扩散机制、网络与效应,对现有研究体系进行深化与补充。

二则,选取临时产业集群为研究视角,选取社会网络分析法追踪知识扩散轨迹,突破因信息与知识的无形性与抽象性所导致的展览会知识研究困境。此外,以产业集群为切入点,承袭现有展览会及产业集群知识研究体系,加强展览会中知识扩散现象的解释力,推进展览会及知识管理相关领域的研究进程。

三则,丰富现有研究体系,在现有研究基础上进行推进,研究展览会中知识的扩散网络结构,有利于形成对展览会中知识扩散机制的具象化认识,为后续研究提供启示、奠定基础。

1.3 章节结构

立足研究目的与问题,本研究分为七个章节。

第1章,绪论。绪论立足于国家社会经济发展大背景,回应展览会与产业经济研究背景,提出研究问题,充分说明研究的现实意义与理论意义,并介绍全书的基本框架与结构。

第2章,文献综述。文献综述从知识的本质、知识扩散、产业集群知识扩散、展览会知识扩散四个方面回顾相关研究的进展。首先,基于临时产业集群缘起于产业集群知识扩散研究的反思,本章将梳理与反思产业集群知识扩散的理论内涵与研究体系,作为本研究重要的研究基础。其次,梳理展览会研究的脉络,评述已有研究的成果与演进,说明本研究在展览会研究中的位置与贡献。

第3章,研究设计。此章将详细介绍研究设计,包括研究框架的推导、研究案例、研究方法、数据搜集方法、数据搜集过程、数据基本情况与初步处理。

第4章,展览会知识扩散机制。此章回应研究问题一,重点在于梳理与归纳展览会的知识扩散机制,解释展览会这一特殊空间是如何促进知识的扩散,归纳展览会知识扩散的"面"特征。在前人研究的基础上,从展览会的整体层面入手,进一步深化展览会各组成部分之间的交互作用。

第5章,展览会横向知识扩散网络结构。此章回应研究问题二,聚焦横向知识扩散机制,分析其知识扩散结构特征。将知识扩散视为一个网络,本章运用社会网分析法,追踪知识扩散轨迹,还原知识扩散结构,研究展览会情境下知识扩散的结构特点。

第6章,展览会知识扩散的效应。此章回应研究问题三,重点梳理与归纳展览会的知识扩散效应,解释展览会结束后,参展获得的知识对于企业创新与经营策略产生什么作用,对于产业创新发展与转型升级产生什么影响。

第7章,结论与讨论。此章归纳总结研究发现,得出研究结论并与已有研究进行对话,提炼对展览会知识扩散结构、机制、效应的理解。

第2章　文献综述

2.1　知识

产业与经济地理研究的焦点已向知识经济转移(Gertler, 2003)。解决组织如何创造、维持与转移知识三大问题的知识管理研究(Argote et al., 2003),逐步受到学界的关注。在文献梳理前,本章先对知识的概念及特征进行明晰。

2.1.1　知识的定义

数据、信息与知识,是知识研究需要区分的三个概念(表2.1)。张茗德(2012)对国内外学者关于三个概念所作的定义进行辨析。虽然学者的定义均有差异,但就三者之间的进阶关系达成共识:从数据到信息再到知识,是一个对客观事实不断提炼并规律化的理解过程。

表2.1　数据、信息与知识的概念辨析表

定义来源	数据	信息	知识
Clarke(2000)	搜集的事实或数字	逻辑存储数据	关于事物运作规律的理解、具有可预测性

续表

定义来源	数据	信息	知识
Hertog et al.（2000）	观察结果	具有更确切含义的数据	执行特定功能的规划与信息集
Raisinghani（2000）	原始现象	格式化的数据	格式化的信息

注：整理自张茗德（2012）。

知识是对信息的解释。根据认知科学，知识可以被定义为一种抽象的概念，由一系列对信息的解释所构建，这一过程或有意识或无意识，从经历本身或从经历中的思考中获得（Polanyi，1962，1966；Kim，1998）。Huber（1991）与Weick（1979）也提出相似的观点，认为知识是由个人或组织解释的一组意义相关的信息。

知识具有功能性。个人或企业的知识明确了知识具备的技巧与核心竞争力，使其能够完成特定的任务（Albino et al.，1998）。Purser等（1992）定义知识为用以支持决策的事实、模式、概念、意见或知觉的集合体。在经济地理研究中，知识往往是一种理想型商品，具有区别于传统商品经济的特殊经济特性（Cowan et al.，2000）。

知识是一个集合体的概念。Davenport等（2000）认为，知识是一种流动的综合体，包括结构化的经验、价值及经过文字化信息，再次强调了知识是经过提炼的。王辑慈（2001）则提出，知识是人们在实践中积累的经验和理性认识的综合。以上定义均强调了知识的综合性特征，是认知与经验经过提炼与积累后的集合体。

综上，现有研究已经对知识的定义作了深入的探讨。综合以上知识的相关定义，本研究选取Purser等（1992）的定义，强调知识对决策的支持作用，并结合知识的经济特性，将本研究所关注的知识定义为：具有经济特性，用以支持决策的事实、模式、概念、意见或知觉的集合体。

2.1.2　知识的分类

1)经济合作与发展组织分类

经济合作与发展组织(Organization for Economic Co-operation and Development, OECD, 1997)将知识分为知事(know what)、知因(know why)、知窍(know how)、知人(know who)四类。其中,知事知识与知因知识属于陈述性知识,知窍知识属于程序性知识(Cowan et al., 2000)。四种知识通过不同途径扩散。知事知识与知因知识主要通过阅读、听讲座、获取数据等途径获取,而知窍知识与知人知识则更多地植根于实践经验(Jensen et al., 2007)。

①知事(know what):是什么的知识,又称事实知识;

②知因(know why):为什么的知识,又称原理知识;

③知窍(know how):怎么做的知识,又称技能知识;

④知人(know who):谁的知识,又称人力知识。

2)显性知识与隐性知识

知识可分为显性知识(codified knowledge)和隐性知识(tacit knowledge)两类。分类标准在于:一是,对意识与认知,知识拥有者是否易于从行为与思想中辨别知识;二是,能否用合适的语言解释知识(Cowan et al., 2000)。

知事知识与知因知识大部分属于显性知识,人们对某个问题已经有了清晰的认知,并可以用文字的形式表述并传播。显性知识的传播可以通过编码(code)进行,文字是最典型的编码。编码本(codebook)是编码的集合,作为知识的储存、参考甚至是权威。编码本就好比一本字典,行动者可依此理解或形成相关的材料(Cowan et al., 2000)。显性知识可分为编码知识与未编码知识,未编码知识可以进行编码化,但存在延时性,未得以编码时具备隐性知识的特征。Nonaka等(1995)将显性知识定义为，可以用文字、数字、形式化和系统化语言表达出来的知识。显性知识因其可通过编码进行表达的特性，可以远距离传播，基本不受地域空间的限制(王辑慈，2001)。由于显性知识已编码成文，可追溯性强，较多知识管理研究基于显性知识进行。尤其是知识扩散网络结构研究，大部分通过专利引用(patent citation)追溯的方法构建网络(Genet et al.，2012；Almeida，1996；Mowery et al.，1996；Ribeiro et al.，2011；Singh，2005)。

隐性知识无法用言语表达，难以编码与度量。Polanyi最早对隐性知识与显性知识进行区分，并致力于知识分类的研究。Polanyi(1958)指出，隐性知识已经成为知识经济的核心组成以及创新与价值创造的关键。隐性知识远比显性知识多，占据知识总量的绝大部分(王辑慈，2001)。Zack(1999)认为，隐性知识源于经验，不能被明确地用言语表达，是一种潜意识的理解和应用，涉及个人的经验、信念、观点和价值，存在于专家的技能、员工的头脑之中，很难以文字的形式应用于企业实践中。

Cowan等(2000)指出，现有大量研究对隐性知识的定义是模糊不清的，这将导致研究结果存在很大偏差，为此对隐性知识进行再界定与细分。存在编码本的知识只有在可以被清晰表达且被知识接收者理解的情况下才能发挥效用，他从"能否编码"与"能否表达"两个维度对知识与知识活动进行分类。此前，曾分为显性知识与隐性知识。Collins-Latour-Callo分类以是否存在编码本为划分标准，未被编码成文字的知识即为隐性知识。现有大多数研究以此为标准，将所有非文字表述的知识直接归入隐性知识。Merton-Kuhn分类则更进一步，将虽未编码但该领域已出现具有公信力的意见领袖或达成一致共识的知识，单列为一类。例如，未成文的普通知识，虽未形成文字表述，但研究者都非常清楚，可以通过研究者之间的默会传播。在此基础上，Cowan等(2000)将隐性知识进一步细分为"纯粹隐性"(pure tacitness)与"显见隐性"(apparent tacitness)两类，提出"纯粹隐性"知识应该是技术上不可能达成共识的结果，即不可能形成编码的知识。"显见隐性"知识是指知识共同体的成员之间通过专有编码进行传播的知识,而对于不具备相应编码本的局外人而言,知识是隐性的、不可理解的。该分类表达了隐性并非绝对的思想,知识可以在某时某地对特定对象是显性的,而对此时此地是隐性的。由此可见,隐性知识的界定受知识扩散主体双方知识结构的影响,不可一概而论。

虽然不同学者对隐性知识的定义不同,但隐性知识的难以编码、特殊含义性、难以传播(Nonaka et al., 1995)等特性在学界达成了共识。

①难以编码与表达。Polanyi(1958)认为"我们知道的远比我们能说的多"。难以清晰表达是可编码知识与隐性的核心区别(Polanyi, 1966)。Nelson等(1982)指出,隐性知识拥有者可能并不知道自己拥有知识以及知识的细节,并且觉得很难或不可能完整地表达。

②受情境的影响,形成特殊的含义。Polanyi(1958)指出,隐性知识的认知框架受到外部社会、组织结构与经济环境的影响,这种需要基于情境与上下文进行理解的现象在心理学上属于"隐性维度"(tacit dimension)。

③随着距离的增加,隐性知识传播的边际成本递增。隐性知识的传播是困难的,这里的距离包括了地理距离、认知距离与组织结构距离等。因此,隐性知识在知识基础相近的人之间的面对面沟通中传播,他们拥有共享的语言、编码、常识与基础,以及在过去合作与非正式交流中对对方的了解与认识(Gerlter, 2003)。因此,隐性知识的传播随距离递增,呈边际成本迅速上升的特点(Cowan et al., 2000)。

2.2 知识扩散研究概述

2.2.1 知识扩散的定义

学界对知识扩散现象的关注已有半个世纪之久(Xuan et al., 2011),形成了较为成熟的研究体系。早期从"技术扩散"(technology diffusion)与"创新扩散"

开展（Geroski, 2000；Coleman et al., 1957；Robertson, 1967）研究，而近来则转向研究"知识"聚焦（Argote et al., 2000；Kim et al., 2009；Kreng et al., 2003）。

Rogers（2010）认为，知识扩散本质是通过交流信息，进行新思想的传播。谭大鹏等（2005）曾对知识扩散作了形象的比喻，知识扩散所传播的主要是新知识，"扩散"就像在平静的水面投入一块石头所产生的层层波纹。石头的投入即创新，在具备原动力后，扩散是一种自然的行为，更强调新知识的普及。游静（2008）认为，知识扩散是知识在系统成员之间通过一定渠道沟通的过程，所传输的是一种与新思想（接收者未曾知道的）有关的信息。因此，知识扩散是与构成新思想的信息传播有关的一种特殊类型的沟通。与知识扩散相近的概念还有知识转移与知识传播。目前，知识管理理论与实践领域出于认知和习惯等原因，并不刻意区分知识扩散及其相关概念（谭大鹏 等，2005）。因此，本书以知识扩散代指新思想通过信息交流从一个人向多个人传播的过程。

知识扩散是一个过程。在此过程中，知识接收者获得与知识传播者相近的认识（Harem et al., 1996）。Argote 等（2000）则指出，知识扩散是一个单元受另一个单元的经验影响的过程。万幼清等（2007）定义知识扩散过程是知识从知识源向知识受体传递的过程，其中涉及的要素包括要转移的知识、知识源、知识受体、知识源与知识受体之间的距离。

知识扩散包括知识发送与知识吸收两个过程。Davenport 等（2000）提出，知识扩散是知识发送与知识吸收的组合，两个过程缺一不可，如果知识发送者不能发送知识，知识接收者不能吸收知识，那么知识的扩散都不可能成功。Albino 等（1998）提出，知识的扩散包含信息系统与解释系统两个部分，是包含信息处理的通信过程。知识以信息流的方式转移到另一主体，但主体所接收的信息不等于知识，需要通过主体自身解释系统处理，受接收者的已有知识与相关能力影响。

在以上定义中，知识扩散是一个知识从传播者向接受者转移的过程，知识发送与知识吸收是两个基本与必备的过程，也是知识扩散研究注重动态性与过程性的原因之一。

2.2.2 知识扩散研究的分类

按照研究层次区分,知识扩散研究可分为企业内(intra-firm)、企业间(inter-firm)、区域间(inter-region)三大类。

企业内知识扩散研究中,研究、关注企业应对外部知识以及知识在员工中的扩散两个问题。Gilbert等(1996)关注知识转移的企业内部行为,从企业学习的角度,构建了企业应对信息技术变化的概念模型,提出只有知识被企业吸收,并与企业知识基础融合,真正的学习才得以进行。Holsapple等(2001)从知识管理的角度,构建了一个企业内知识扩散的价值链模型,内含企业获取知识的五个操作(获取、选取、生成、内化、外化)以及四个主要管理影响因子。由此可见,知识从获取至扩散的完成是一个动态的过程,是企业的一种自主行为,最终达成新旧知识的融合。另外,在知识经济中,员工的知识基础被认为是企业最重要的资源(Dong et al., 2012),知识如何在员工中扩散,以及员工如何促进知识扩散成为学界与企业均关注的焦点。企业内的知识传递方式主要为员工沟通、会议、业务往来,每个企业均可视作一个知识库。Zhao等(2012)对企业中员工知识分享与转移的模型进行了研究,建立了基于双边拍卖理论(double auction theory)的激励机制。Dong等(2012)构建仿真模型,从社会关系与社会网络的视角,模拟知识在企业员工中的流动,得出知识获取效率(knowledge acquisition efficiency)、劳动力异质性(workforce heterogeneity)、企业所支持的知识数量对知识扩散均有促进作用。也有研究表明,企业内部的知识扩散存在两个特点:同质化(Cozzens, 1997)和受组织结构影响大(Nonaka et al., 2000)。

知识在企业间的扩散一直受到大量学者的关注。企业间知识扩散的渠道丰富,主要为员工流动(labor mobility)、业务合作(cooperation)、非正式交流(informal contact)等。Maskell等(2006)曾以时间与目的两个维度,梳理和归纳了现有的四种企业知识创造的组织结构，包括长期稳定的企业网络(stable inter-firm networks)、企业项目合作(inter-firm projects)、产业集群、展览会与会议等集聚大量专业人士的短期活动(trade fairs, conventions, professional gatherings)。在实践中，企业间的知识扩散可发生在大量不同的情景下。不同情景下知识扩散的过程及其特征得到了学界的广泛讨论，知识扩散的途径与效果呈现出差异化的特征。跨国公司、外包业务、产业集群是三种常被关注的情景。跨国公司知识扩散研究关注总部与其境外子公司以及子公司之间的知识扩散现象，研究问题包括影响因素(Foss et al., 2002；Wang et al., 2004；Dasgupta, 2012)与对扩散效果的数学建模(McGuinness et al., 2013)。在经济全球化与生产全球化的趋势下，业务外包引起的知识扩散研究主要关注影响因素与扩散过程(Gupta et al., 2013；Chen et al., 2013；Teo et al., 2014)。产业集群中的知识扩散研究将在本章第2.3节详细展开讨论。

区域间的知识扩散研究，关注知识如何在不同国家中扩散及其影响因素，尤其是发达国家与发展中国家之间的扩散，员工流动与分支机构是知识区域间扩散的重要途径之一(Afonso, 2013；Goh, 2005；Bahar et al., 2014)。

综上所述，知识扩散现象得到学界的广泛讨论，学者针对不同情景下的知识扩散展开了不同层次的研究。虽然研究范围广泛，但研究焦点在于知识如何扩散，受什么因素影响，以及在不同因素影响下知识扩散绩效的变化。

2.3 产业集群的知识扩散研究

2.3.1 产业集群的定义

产业集群(cluster)的概念由马歇尔提出，意指一定数量在生产上互补的企业选址在一定区域范围内。自此，不少学者对产业集群进行了定义。

Porter(1998)定义集群为一群同一产业领域由共性与互补性联结起来的、相互联系的企业或组织机构,包括同一产业中的供应商、服务商、公司及其他实体(如大学、质量标准局、协会等)。王缉慈(2001)对产业集群的定义为,一组在地理上靠近的、相互联系的企业和关联的机构,它们同处于一个特定的产业领域,由于共同性和互补性而联系在一起。Nassimbeni(1998)则将产业集群作网络理解,提出集群是在技术和生产层次上彼此联系的大量企业共聚一处所形成的网络关系,在该网络中企业间存在着广泛的互动和协调。MacKinnon 等(2002)则强调集群知识创造的特性,认为集群是一个以企业间知识与信息转移为特点的知识创造中心(Tallman et al.,2004)。虽然各学者对产业集群所下的定义有所不同,但均强调产业集群中企业同属一个产业领域与企业之间的联系(linkages)。企业与客户、供应商与其他机构之间的紧密联系将对企业绩效、创新与改进具有促进作用(Giuliani,2005)。

在产业集群研究演化过程中,与产业集群相似的概念很多,主要有企业集聚(firm agglomeration)、产业区(industry district)。两者均以企业的共同存在(co-presence)为基础,前者强调企业区位上的邻近,而后者强调企业的属性,但均未强调企业之间的联系与互动。产业集群更多的是一种由产业链、供应链、技术链和创新链共同构成的价值链与产业集群竞争优势的独特现象和运作机制(王国红,2010)。因此,企业之间的联系在研究中是不可忽视的。

2.3.2 产业集群知识扩散的促进因素

根据现有研究,产业集群无疑是知识流动与知识创新的重要空间。产业集群是一个地理空间概念,经济行为的聚集使得本地的经济行为主体通过大量的正式交易和非正式交流建立关系,应对技术变化以及商业环境变化,成为其他地方不能比拟的关键资源(王辑慈,2001)。大量研究证实,产业集群有利于知识扩散。Baptista(2001)构建知识扩散模型,并通过实证研究得出,区域层面的知识学习与传播效应要强于全球层面,企业接受知识传播者信息与知识溢出所产生的效益远高于由于聚集所产生的竞争成本。Tallman等(2004)基于大量前人文献,对企业由于产业集群促进知识扩散所带来的竞争优势进行了阐释。Singh(2005)通过专利合作构建企业合作网络,分析得出集群内企业专利合作强于集群间或跨区域。Thompson(2012)曾选取香港制衣业在内地直接投资为案例,分析集群企业与非集群企业在知识溢出上的不同,发现产业集群企业的知识溢出更明显,更容易受惠于知识扩散。综上,认可知识扩散是产业集群经济活动的正外部性,以及是企业获取竞争优势的重要资源,是产业集群知识扩散研究的前提。

那么,产业集群如何促进知识的扩散,是什么因素降低了知识扩散的成本与提高了其效率? 学者从不同的角度进行分析与解释。一般认为,产业集群中知识通过四种方式扩散,企业间的合作关系、与当地相关机构的合作关系、员工流动、产业集群外部关系(Meyer-Stamer, 1998; Asheim et al., 2002; Malmberg et al., 2005)。产业集群中企业间的邻近效应是实现上述扩散方式,以及产业集群优势的原因之一。其中,地理邻近、认知邻近、社会邻近是常见的三种分析角度。

（1）地理邻近

地理邻近在产业集群知识扩散的研究中最早被关注。学者普遍认为,地理邻近是知识转移的重要条件,是高效率与知识放射式扩散的必要条件,因此通过地理邻近阐释知识扩散现象。Baptista(2001)研究得出,地理空间在知识扩散过程中起中介的作用。王缉慈(2001)曾总结,产业集聚区域中发生着两组效应:一是,邻近效应,企业在地理上相邻促使信息和知识快速流通,降低搜集成本和交易成本;二是,社会化效应,形成集体学习与合作的氛围并共担风险。Hoekman等(2009)通过研究欧洲29个国家的知识扩散现象,发现知识的联系往往发生在地理距离近的企业间。Dangelico等(2010)基于企业地理邻近所引发的知识活动——互动学习(learning by interaction)与模仿学习(learning by imitation),构建了一个系统动力学模型来解释产业集群在知识扩散影响下的演化,并以西雅图航空基地的多年纵向数据对模型进行验证。

学者对地理邻近和对知识扩散促进作用的观点主要集中在三个方面。

①由于地理邻近产生的面对面交流机会,有利于隐性知识的传播。

Marshall(1964)最早对地理邻近与知识扩散进行研究,提出"产业空气"(industrial atmosphere)理论。地理邻近促进知识的交换,尤其是隐性知识在企业间及其员工之间的知识扩散(Bell et al.,2007)。隐性知识的特点,决定了其扩散受地理距离的影响,具有空间敏感度,地理距离越远扩散成本越高。隐性知识一般只能在传播者与接受者之间传播,无法大规模传播,在传播网络外部性很低,需要面对面的互动(Storper et al.,2002)。Storper 等(2002)提出,面对面的交流意义在于传递复杂信息、获得及时反馈与进一步回应。Maskell 等(2006)则认为,面对面互动是建立信任关系与交流敏感度的重要条件。

②地理邻近有利于非正式交流。

依据 Jane Jacob 的创新理论,信息溢出的原因在于知识多元化与偶然性,地理邻近正好为此提供条件。Dahl 等(2004)通过对丹麦无线通信集群的研究,提出集群中企业之间员工的非正式联系是集群企业知识扩散的重要渠道之一。地理邻近的企业间可能存在关系多重性(multiplexity of a relation),两个行动者之间可以是多重联系(Hanneman et al.,2005)。例如,员工之间可以合作关系与朋友关系并存。不同类型知识的最佳传播途径不同,多重关系对知识转移有正面作用。创新机会的出现还需要社区的创新文化,它往往含有组织变革和制度安排的因素(于辑慈,2001)。Marshall 的创新理论指出,信息溢出的原因在于专业化与社区归属感。地理邻近容易形成知识转移的场域,形成创新氛围,促进知识扩散的最大化与高效率。

③地理邻近增加了观察与学习的机会。

地理邻近导致信息快速流动,企业间可通过频繁的互动与观察,促进知识的交换(Maskell,2006)。Malmberg 等(2002)提出,从事相关生产活动的企业若存在地理邻近，通过互相观察就可以实现知识传播。由于不同企业具有不同的知觉能力、观念、态度，从事相似生产活动的企业会带来多样化的产品与知识。在地理上的邻近，可以使企业通过多样化—观察—比较—选择—模仿—改进的模式，获得更大的知识竞争优势，而不需要存在任何紧密的关系和信任。Crevoisier（2004）指出，通过频繁的社会互动、观察和沟通，知识发送的边际成本最低。

最终，包括Bathelt在内的学者将集群企业由于地理邻近所产生的沟通与交流场域或生态系统归纳为"本地蜂鸣"（local buzz），也翻译为地方传言与本地言传。蜂鸣（buzz）是指在同一地区同时存在的人与企业，由面对面交流所产生的一种信息与交流的社会生态（Bathelt et al., 2010）。本地蜂鸣的形式是多样的，包括非正式交流（如企业员工的日常闲聊、日常生活中的流言蜚语）与正式交流（如企业间的商业谈判、正式技术研讨会的技术交流），在这种环境中多元化的技术信息与知识广泛传播（Bathelt et al., 2004）。随时性、无方向性与自发性是重要特征（Storper et al., 2002）。在集群内，蜂鸣可以随时随地发生，充满了偶然性，例如，两个企业的技术人员在吃饭时碰巧同坐一桌，即使大家互不相识，也有可能开始讨论技术的发展趋势，知识转移就偶然发生了。蜂鸣没有特定目的，是发散性的，隐性知识的传播得以最大化。同一空间内的共同文化与习惯，使得人或企业只要身处在集群内，知识扩散即自行发生，不需要主动去寻找知识，信息传播、传言、新闻等无时无刻不在传播知识（Gertler, 1995）。本地蜂鸣已经成为解释地理邻近促进知识扩散的重要机制。

综上所述，地理邻近是产业集群知识扩散研究的基础，也是企业空间集聚的最基本特征。地理邻近研究思路呈现以下特点：①知识是均匀扩散的，是产业集群中的公共品，所有企业均受益于这一外部性；②更关注知识的溢出，视集群内企业与个人为均质个体，不考虑个体对知识的选择以及理解与吸收能力。在地理邻近研究的思路之下，研究从产业集群的空间特点出发，是具有解释力且容易理解的，但也存在过于理想化的缺陷。

（2）认知邻近

认知视角研究强调知识结构对个人和组织信息场处理过程的影响。认知邻近是指双方在思考、解释、理解与评估世界的方式上的相似（Wuyts et al.，2005），是指互相学习的双方共享相同的知识基础与技能（Boschma，2005）。这一视角下，认知邻近被认为是知识传播与接收双方有效理解与沟通的必要条件（Huber，2012；Nooteboom，2000）。企业通过建立或享有区域共同语言，降低交易与沟通成本（Ghemawat，2001；Antonelli et al.，2002）。

地理邻近是促进产业集群知识扩散的单一因素的共识逐渐被打破，越来越多研究证明地理邻近的企业不一定有知识的联系与沟通。Lissoni（2001）选取意大利布雷西亚机械产业集群为案例，研究得出知识并不是在产业集群范围内自由流通，而是在一个个知识社区（epistemic community）中扩散。知识社区以机械制造厂家的机械工程师为中心，向一部分供应商与顾客的技术人员扩散。Giuliani 等（2005）选取智利马勒科谷的制酒产业集群为案例，运用社会网分析法，得出产业集群中知识扩散并不均匀，很多企业仅仅只是共同存在，而没有建立知识扩散的关系。Boschma 等（2007）认为，传统的产业集群知识研究过于强调"地理邻近"的重要性，研究发现集群中仅有少数企业处于知识网络内，大部分企业仅仅只是地理邻近，而不存在知识交换。印证了隐性知识是集群中的俱乐部产品，主要在当地的"知识社区"（epistemic communities）与"实践社区"（communities of practice）中扩散（Breschi et al.，2003；Gertler，2003）的观点。以上研究证明，地理邻近的企业并不一定存在知识的交流与联系，集群中知识并非均匀扩散，质疑了地理邻近解释视角对知识均匀扩散的默认。

导致产业集群中知识扩散不均匀的原因之一在于企业间的认知距离（Giuliani et al.，2005；Giuliani，2005；Lane et al.，1998；Boschma，2005），在大多数研究中认知距离以企业的知识基础与知识吸收能力体现。Lane 等（1998）通过实证证明，企业间知识基础的相关与企业结构的相似对企业间知识扩散起促进作用。当企业间存在差异较大或不相关的知识基础时，双方就难以无障碍地进行知识分享与交换（Giuliani，2005）。企业在接受新技术时，存在由知识基础产生的知识差距，当差距过大则无法克服。因此，认知邻近是企业学习新技术和知识的必要条件，以顺利与高效地沟通、理解与转移（Boschma，2005）。Giuliani（2005）进一步讨论了企业知识基础对集群知识吸收能力以及集群发展之间的影响，阐明了三者之间可能存在的逻辑关系，尝试解释不同产业集群拥有不同创新绩效的原因。Huber（2012）通过对剑桥信息技术产业集群的案例研究，发现企业具有共同的技术语言在知识扩散过程中是必要的，而且是地理邻近与社会邻近等近邻效应均无法替代的，但研究并没有表明认知邻近受地理空间的影响。然而，过强的认知邻近效应亦会产生反效果，企业发展需要多元化的知识与技术，认知邻近过强容易导致认知锁定及非自愿的知识溢出（Boschma，2005）。

综上所述，认知邻近这一角度的提出是知识研究从中观进入微观的体现，产业集群知识扩散研究开始关注企业的异质性。认知邻近研究思路呈现以下特点：①认知邻近是企业沟通与知识高效扩散的必要条件；②关注产业集群中企业异质性对知识扩散的影响，研究从微观层面进行；③产业集群中知识并非均匀扩散，企业在认知方面的异质性影响知识扩散网络的发展。

（3）社会邻近

社会邻近是解释产业集群知识扩散优势的另一视角。企业的聚集使得企业之间与企业员工之间均建立起社会关系。社会邻近或关系邻近是指，企业、机构、个人之间存在多种类型的关系，多类型的关系因多种目的植根于社交网络中（Uzzi，1997）。Breschi 等（2003）构建意大利企业对三个案例专利的引证网络，通过分析网络密度以及专利发明者与使用者之间的关系，发现员工流动与企业间社会网络是集群中知识扩散的主要途径，单纯的地理邻近并不是知识扩散的充分条件。不少研究也表明，社交关系是信息与资源流动的主要渠道，对知识的扩散与区域创新有重要影响（Batjargal，2003；Rodan et al.，2004；Tsai et al.,1998;Zaheer et al.,2005)。而信任有助于隐性知识的传播,隐性知识在市场中的传播是困难的(Maskell et al.,1999)。

社会邻近相关研究关注社会关系类型与特点对知识扩散的影响。Casanueva等(2013)以西班牙瓦尔韦德镇的鞋类产业集群为案例,选取52家企业进行访谈并构建整体网络,包括贸易网、信任网、合作网、朋友网、血缘关系网、显性知识网、隐性知识网,分析企业在知识网络中的位置与其创新绩效(产品创新与创新过程)之间的关系,得出隐性知识的扩散与企业间的社会连带强度显著相关,处于社交网络中心的企业在产品与生产过程创新中均优于处于结构洞的企业。Østergaard(2009)关注企业间的非正式关系与知识扩散的关系,并比较企业间与企业—研究机构间的非正式关系影响的差异。研究基于员工的层面展开,从社会关系网的角度进行,选取荷兰一个无线电技术产业集群为案例,研究发现企业员工间的非正式交流与知识获取的概率相关,在两种机构之间是相似的,但不同企业员工间的非正式交流多于企业与研究机构之间。

综上所述,基于社会邻近的研究关注产业集群中企业所具备的社会属性以及社会网络结构对知识扩散的影响,中心度、结构洞、连带强度、信任感是研究的重点。研究思路呈现以下特点:①产业集群使得企业间形成社会邻近,信任感促进隐性知识的扩散并提升其效率,从而形成本地化的优势;②关注企业之间的链接与关系,而不仅强调企业本身所具有的特点。

(4)小结

综上所述,现有研究主要从三个角度解释促进产业集群知识扩散的机制。一方面,地理邻近研究关注企业地理空间的集聚所产生的知识交换机会,但视企业为均质个体;认知邻近研究关注企业知识结构的影响,认为集群中企业并非均质,知识受此影响而不能均匀扩散;社会邻近研究则关注集群中本地社会关系与社会网络对知识扩散的影响,认为社会网络是知识扩散的主要渠道与影响因素。另一方面,三个角度的研究层面有所差异,地理视角擅长中观研究;认知与社会视角的研究则以微观研究为主,关注企业所具备的属性特质对知识扩散的影响。需要说明的是,现有研究逐步转变为以地理邻近为默认条件与属性,更多地视产业集群知识扩散为非均匀扩散,结合认知邻近与社会邻近等视角更全面地理解产业集群知识扩散。

2.3.3　产业集群知识扩散的结构与形态

在产业集群研究中,产业集群越来越被认为是一种网络组织(Powell et al.,1996)。与其他网络相比,集群企业的地理邻近使得集群网络具有一定的地理边界,企业与机构等主体在其中相互联系与相互影响,呈现集群本地网络特征(王晓娟,2007)。知识扩散形成了什么样的网络,是否存在最优网络结构,也是学界关注的焦点之一。尤其是近年来社会网分析与仿真模拟技术的发展,促进了这方面讨论的开展。

在产业集群情境下,知识扩散形成了什么样的网络? Ribeiro等(2011)利用近40年超过600 000例专利引用构建知识扩散整体网,验证得出知识扩散网络并不是一个无标度网络。Genet等(2012)以纳米技术产业集群为案例,分析不同规模企业在技术扩散网络中的位置,研究表明大企业在纳米技术扩散网络中处中心地位,中小企业在网络中不能起到链接企业与非营利组织的作用。Giuliani等(2005)运用社会网分析法,除证明知识非均匀扩散外,研究得出企业对知识的吸收能力决定其在知识网络中的中心度,企业的吸收能力由知识基础决定,知识吸收能力与企业网络中心度存在相关关系,知识基础优越的企业在集群中充当知识守门人(gatekeeper)的角色,在集群中知识创新与集群外知识输送中起重要作用。然而,Boschma等(2007)的研究运用与Giuliani等(2005)方法相同,却没有印证其结论,分析得出企业知识吸收能力与企业网络位置无关;另外,社会网分析数据显示,市场知识网络较技术知识网络密集。李二玲等(2008)以河南省虞城县南庄村钢卷尺产业集群为例,建立衍生网络、咨询网络、情感网络与合作网络,分析网络之间的关系与对绩效的影响,得出网络结构存在一定的等级,该集群中的合作联系属于低水平联系等结论。韩玉刚等(2011)以安徽省宁国市耐磨铸件产业集群为案例,分析衍生、信息交流、供销联系等七个网络的结构特点,并建立我国省际边缘区产业集群网络研究机制模型。由此可见,现有产业集群中知识扩散网络结构研究结论主要在于网络联系密度、领先企业的地位与作用、中心企业的特征、不同类型网络的对比等几个方面。

在产业集群的情境下,网络结构对知识扩散绩效有何影响?知识扩散的最优网络是什么?研究主要通过仿真模拟方法进行。Cowan等(2004)通过仿真模型调整主体之间的连接方式,得出小世界网络是最有效的知识扩散网络,但知识的最终分布最不均匀。Kamath(2013)构建了基于社会关系网的知识扩散模型,通过仿真模拟,分析得出小世界网络是集群中知识扩散效率最高的网络模式,但对于知识的均匀分布并不是最好的网络结构,印证了Cowan等(2004)的研究结果。然而,Kim等(2009)则得出不同的结论,通过研究合作网络结构与知识扩散绩效之间的关系,得出小世界网络是知识扩散最高效与最均衡的结构。Xuan等(2011)通过构建多种产业集群社交网络进行仿真实验,研究得出小世界网络在短期内显著提升知识扩散的绩效,而无标度网络的影响较为复杂。Lin等(2010)运用仿真方法,模拟普通网络(regular network)、随机网络(random network)、小世界网络(small world network)、无标度网络(scale-free network)四种网络的知识存量(knowledge stock)随时间的变化,得出无标度网络是知识扩散最优网络的结论,知识扩散的速率最高与方差最小。李金华等(2006)引入柯布-道格拉斯生产函数,分别考察在个体不进行知识自我增长和进行知识自我增长情况下的知识传播,结果表明,在其他条件相同的情况下,网络的随机化程度越大,网络中知识的扩散速度越快,知识的分布越均匀。虽然该研究不在产业集群背景下开展,但对产业集群知识扩散结构研究也有启发。李志刚等(2007)运用仿真方法分析得出,网络中节点数给定时,网络拓扑结构(随机网络、小世界网络、规则网络)对集群知识的增长没有显著影响,随着网络中节点规模的扩大,集群知识创新绩效明显提升。关于产业集群知识扩散最优网络学界仍未达成共识,需要进一步讨论。Reagans等(2003)分析网络凝聚力与网络范围对知识扩散的影响,发现网络的凝聚力越强,企业能接收的信息越丰富。同时,企业间社会连带的强度亦通过影响协助他人的意愿影响知识的扩散效率。

由此可见,知识扩散网络结构分宏观与微观两个层面。宏观层面在于网络整体结构形态的分析以及各类网络的对比;微观层面则在于行动者的位置与属性对比。知识扩散网络结构对其绩效具有重要影响,研究知识扩散的网络结构特征具有重要意义。

2.3.4 产业集群知识扩散系统

大多数产业集群知识扩散的早期研究仅仅关注内部知识扩散过程,而忽视了产业集群是一个开放的系统,集群中企业也通过多种方式获取产业集群外部知识。Bathelt等(2004)提出了基于产业集群的知识转移模型。集群的知识转移是一个空间集聚的开放式系统,如图2.1所示。其知识转移分为内外两种,集群内的知识转移在"本地蜂鸣"的系统环境下进行;而集群外的知识则需要通过全球管道(global pipeline)输入。两种方式在集群的创新过程中均发挥着重要的作用,缺一不可。

事实上,产业集群如何获取远距离外部知识,以及外部知识对产业集群知识扩散的影响,逐渐引起学界的关注。Humphrey等(2002)论证与辨析产业集群以及全球价值链分别对产业升级的作用,通过文献总结得出产业集群研究强调企业间的本地联系,弱化企业的外部联系,而全球价值链研究则强调企业间的纵向关系(vertical relationships),通过价值链中领先企业(leading firm)的需求提升,带动产业升级,是企业获取外部知识的重要途径。Bathelt等(2004)率先

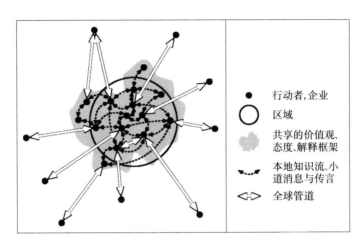

图2.1 知识扩散模型：本地蜂鸣与全球管道的结构与动态（Bathelt et al.，2004）

构造了兼顾产业集群内外部的知识创造模型，此前产业集群的外部知识获取是被忽视的。这一模型关注隐性知识的扩散，打破了"隐性知识=本地扩散"与"显性知识=全球扩散"的理论局限，重点讨论了本地蜂鸣与全球管道之间的关系，由此提出本地蜂鸣与全球管道是互相强化的，起到共同促进产业集群知识创造的作用。Rychen等（2008）强调企业获取知识的接触面（interface），从企业自我中心网的角度，阐述多端口、知识守门人以及临时集聚（temporary proximity）的三种知识扩散模式。多端口解释了企业集聚的原因，以及为什么产业集群的内部构成是解释空间集聚的重要因素。知识守门人是本地与外部知识流动的中介，他们获取外部知识、吸收后传播给本地企业，而受自身利益驱动，私人性质的知识守门人往往会选择令自己利益最大化的知识扩散策略，对知识进行过滤。临时集聚以一方的移动为特征，可以分为临时产业集群与会面两种，通过建立网络的方式，使企业获得远距离的外部知识。

综上所述，产业集群研究关注点从内部向外部转移，不再是将集群视为封闭区域，而是将其视为本地化与全球化知识相互联系的开放系统。其中，展览会作为一种企业获取远距离知识的方式，开始引起学界的注意。

2.3.5　产业集群知识扩散建模

在对产业集群知识扩散的促进因素、行为、结构的研究基础上，产业集群知识扩散研究开始关注预测与实践，而建模则是产业集群知识扩散预测的重要方法。由于建模预测并非本书的重点，因此本节仅简述该类研究，不作详细展开。

知识研究领域中，学者致力于构建知识扩散的一般数学模型。技术扩散模型是知识扩散模型的前身，包括传染病模型、概率模型、竞争与合法化模型（competition & legitimation model）、信息阶流模型（information cascade model），均描述技术采用者数量与时间之间的关系，表明技术扩散呈"S 型"的趋势（Geroski, 2000）。大量知识扩散模型的基础与思想来自 Bass（1969）提出的 Bass 模型。此模型是一个描述产品扩散的模型，如今研究仍会借鉴其思想与模型（Kreng et al., 2003；Tsai, 2008）。传染病模型关注信息传递时间的影响，新技术推出初期，信息不对称导致技术采用者增长缓慢。而概率模型则不考虑信息传递用时，转而关注个人或企业采用新技术的决策，引入参数 X_i 来表示采用新技术的可能性。竞争与合法化模型则关注竞争环境对企业采用新技术的影响，信息阶流模型则描述初始选择对技术扩散的影响，经历新技术比较与初始选择、新技术选择锁定、行业模仿引致流行。

随着知识经济引起学者的关注，一批针对知识的数学模型出现。ABC 模型（Dekker et al., 2000；Wilkins et al., 1997）描述知识价值与企业收益之间的关系，有助于企业进行知识管理、预测与决策。Szulanski（2000）关注隐性知识的黏性随时间的变化特点。Kreng 等（2003）结合 ABC 模型与 Bass 模型构建了反映单个知识扩散过程的模型，描述知识价值（knowledge value）与企业收益（enterprise benefit）的关系，为企业知识管理提供预测的依据。Tsai（2008）在 Kreng 等（2003）模型的基础上增加了企业获取外部知识的构面，连接企业内外知识扩散,使预测与实际更加接近。数学模型注重研究变量之间的关系,通常表现为知识价值、黏性等特征与时间、企业收益之间的关系。

学者致力于建立概念模型与仿真模型。Arikan(2009)建立了产业集群中企业间知识扩散的概念模型,描述集群中进行知识交换并提高知识创造能力的过程。仿真模型方面,大多数仿真模型视产业集群为复杂网络,通过模型构建与比较多种知识扩散网络的绩效。基于复杂社会网络的知识扩散研究是当今研究热点之一,已有不少关于集群中企业间知识扩散的研究(如 Abrahamson et al.,1997;Cowan et al., 2004;Kim et al., 2009)。März 等(2006)整合了 Nelson 和 Winter 模型与 Fagiollo 和 Dosi 模型,构建知识扩散仿真模型,模拟知识经过企业间的模仿行为转移与传播,集群中主体的知识活动包括创新与模仿,模型运作的机制在于主体对知识的识别与模仿。两个模型均视企业为异质个体。Nelson 和 Winter 模型描述企业内部的知识活动,企业的知识与技术创新战略不同,通过对技术与知识研发的投入获得经济收益。Fagiollo 和 Dosi 模型提出企业在知识场中,通过企业间的交互、识别与学习新的技术,知识通过模仿而转移,如图2.2所示。

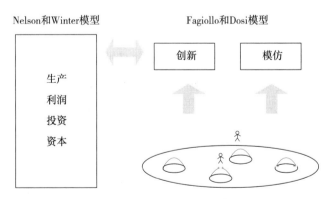

图2.2 知识扩散过程仿真模型(März et al., 2006)

2.3.6 小结

综合上述文献梳理,可以归纳出产业集群知识扩散研究的基本脉络。现有研究思路从前因(antecedent)到后果(consequence)展开,产业集群这一特殊场域是如何促进知识扩散的,在产业集群的机制下知识是怎么扩散的,扩散形成什么样的形态,可以运用什么方法或模型模拟及预测知识扩散的绩效。在此思路上,早期研究更多地关注知识扩散的前因,随着社会网分析法以及仿真模拟方法的广泛应用,近期研究则逐步过渡至对后果的关注,包括知识扩散的形态与预测。由此可见,丰富的产业集群知识扩散研究为展览会知识研究提供了坚实的知识基础与可借鉴的分析思路。

2.4　展览会知识相关研究

2.4.1　展览会知识管理研究

　　虽然展览会的知识管理研究在近几年才受到关注,但若将知识泛化为信息,展览会的信息传播功能在早期研究中已有体现。因此,本节从展览会中信息搜索行为开始,追述展览会知识管理研究脉络。

　　展览会的信息搜寻功能最早在目的与动机类研究中体现。目的与动机类研究关注参展商与专业观众的参展目的与动机,主要从企业层面展开,以定量方法研究为主。在参展商方面,Kerin 等(1987)的研究得出,参展的高层管理者认为非销售活动(包括与竞争对手的信息交换,以及供应商评估)比销售活动更为重要。Rice 等(2002)运用因子分析法分析参展商的参展目的,结果表明获取最新技术资讯、搜集竞争对手信息以及开展市场调研等竞争与信息搜集活动,是参展目的的重要组成因子。在专业观众方面,在 Munuera 等(1999)研究中,获取关于平时难以观摩的机械运作及专业人员讲解是参展的目的之一,虽然其重要程度仅位列第八。Godar 等(2001)以时间(长期、短期)与买家的购买意愿(意愿买家、潜在买家、非买家)为维度,将专业观众参展目的分为六类,其中意愿买家的短期目的为根据展览会中的信息确认购买决策。Tanner 等(2001)关注展览会中的学习行为,得出专业观众观展目的分为购买(shopping)、职业发展(career development)、行业了解(general industry awareness)三种,并根据三个维度进行聚类分析将参展人员分为五类:购买者(shoppers)、买家(buyers)、搜索者(browsers)、全面观众(total visitors)、自我增值者(self-developers)。其中,特定的信息需求、跟进技术更新、搜集采购信息是全面观众与买家决定参加某一展览会最重视的因素,而没有新产品展出与没有时间是他们不观展的首要因素。Smith 等(2003)通过对参加日本境内外展览会的日本专业观众进行调研,得出观摩新产品与判别行业趋势分别是参展的首要与次要原因。罗秋菊等(2007)通过东莞的案例研究,根据专业观众的观展目的,将其分为三类,其中约占样本总数35%的次层观众以获取信息技术与建立市场联系为目的。罗秋菊(2008)通过对东莞五个重点展览会的调研,运用因子分析法得出专业观众观展动机的四个维度因子,包括搜集信息、建立市场关系、考察奖励与采购行为,并通过聚类分析将专业观众分为信息搜集导向型、目标模糊型与目标多维明确型,其中信息搜集导向型占29.46%。由此可见,目的与动机类研究表明,行业信息搜集是参展商与专业观众参展中不可忽视的目的之一,而且越来越受到重视。

近年来,信息搜寻作为一类重要行为逐步受到学者的关注,开始出现针对展览会信息传播功能的独立研究。Rosson 等(1995)通过归纳大量已有研究与行业报告,关注参展商与专业观众之间的互动,提出两个新观点:一是,参展商与专业观众间的信息转移很可能是展览会最重要的方面,越来越多观众将展览会视为获取知识以助其未来发展的途径,对于技术导向行业中的企业,可以显著缩短学习周期;二是,展览会应该被视为一个网络,参展商与专业观众是其中的行动者,并根据不同关系与互动目的将行动者分为三个层次。Borghini 等(2006)通过民族志的方法研究专业观众在展览会的信息搜寻过程,引入阈限空间与仪式化行为的概念,从体验的角度,对展览会信息搜寻的过程与结果进行分析,构建了一个信息搜寻的解释模型,如图2.3所示。模型中展览会的体验引致不间断的知识搜寻,最终形成一种社区感与集体感,使其对行业的判断与观点发生变化,并认为自己与没参加展会的同事是不一样的。其中,展览会中的体验从产品、与参展商的交流、展览会氛围等获得,不间断的信息搜寻使得专业观众获得意想不到的知识、灵感、保证、关系建立等收获。Bettis-Outland 等(2010)关注企业在展览会中获得的信息对企业长期决策与收益的影响,基于文献推论,构建了一个展览会信息收益模型(return on trade show information,RTSI),详尽解释了展览会后从展览会中所搜集的信息如何影响公司收益并获得回报。目前,展览会信息搜寻的研究并不多,后两篇研究分别关注展览会信息在展中与展后的影响,其中展中研究借助人类学研究方法针对个体信息搜寻过程进行阐释。

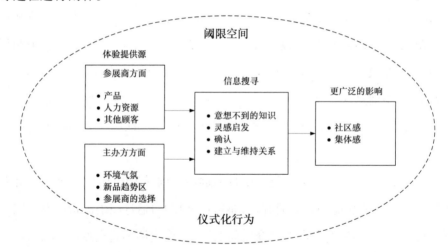

图2.3 展览会中专业观众持续搜寻的解释模型(Borghini et al.,2006)

随后,知识作为一个明确的概念被引入展览会研究,现有研究尝试借助其他学科的视角,构建学习行为模型,以促进对展览会中的知识学习活动的理解。Ling-yee(2006)以关系学习(relationship learning)为视角,视关系为展览会中学习行为的基础,构建关系学习概念模型。模型的建立以参展商与专业观众的关系在展后继续维持为前提,并通过中国进出口商品交易会对参展商与专业观众关系进行验证。展览会中的关系学习通过信息分享(information sharing)、共识形成(joint sense-making)、记忆形成(memory development)三种方式进行。研究表明合作意愿、双方意见的一致、内部共同探讨、外部共同探讨对关系学习有促进作用,最终增强了双方合作关系的效率与有效性。然而,问卷请受访者提出1名参观过展位的客户,并对此进行相关测量,由于合作关系最密切的专业观众最容易被回忆,研究结果很可能是对关系学习及其影响力的高估。Reychav(2009)在社会交换视角下,关注供应商与客户之间的知识分享,认为这是一个双方互相适应(mutual adaptation)的过程。经过对五个展会654名参展商与专业观众的问卷研究,构建并验证了展览会学习螺旋式模型(learning spiral model),表明学习的过程是一个由知识分享引起的"适应客户要求—适应供应商要求—知识分享—获取知识—学习行为"的螺旋式上升过程,适应客户要求与知识分享是获取知识的重要影响因素,但获取知识对学习行为没有促进作用,而是知识分享与适应供应商要求所引起的。两篇研究的思路可以归纳为展览会为供应商与客户会面的平台,通过展览会中的互动建立或增进关系,从而促进了双方的知识分享与学习。

现有展览会的信息搜寻与知识研究,主要关注基于商贸关系的"供应商—客户"关系,尝试构建过程模型以理解展览会中的信息与知识扩散过程,为后续研究奠定了基础。然而,该领域研究仍然很少,理论性与深度仍存在不足,主要有以下三点:①以供应商—客户关系切入,未能充分体现展览会的特点,并未与伴随一般商贸活动的知识传播进行充分剥离;②忽略了展览会中竞争者关系的信息与知识扩散行为,以此形成的理解是存在缺失的;③研究停留在单一企业层面,关注展会中的知识活动对企业的影响,未能反映企业之间的知识扩散动态过程,以及中观层面的知识扩散形态特征。将展览会视为临时产业集群,则为解决以上问题提供了具有解释力的视角。

2.4.2 展览会视为临时产业集群的知识管理研究

将展览会视为临时产业集群,目的在于在把握展览会区别于一般商贸活动的最本质特征的前提下,对展览会中的知识管理活动进行研究。该研究视角认为,展览会短时间聚集产业链上下游企业,是引致展览会中频繁与密集知识活动的前提,现有研究主要分为以下两类。

1)展览会中的交流方式及其所承载的知识交流特点

现有研究对展览会中企业的沟通交流方式进行了探讨,强调远距离企业共处于展览会空间下的面对面交流方式,及其对知识扩散的影响。与其他视角研究相比,此视角下的研究除了考虑供应商—客户间知识传播,也对竞争对手间的知识传播进行研究。Bathelt 等(2008)基于临时产业集群的视角,选取国际灯光与建筑技术展览会(Light and Building-International Trade Fair for Architecture and Technology)以及国际制肉工业展览会(International Trade Fair for the Meat Industry)为案例进行定性研究,将展览会中的交流分为与现有客户的交流、与潜在客户的交流、与竞争者的交流、与现有供应商的交流、与潜在供应商的交流五大类,剖析展览会中不同企业间的沟通内容与方式。刘亮(2012)选取中国国际工业博览会与中国国际气体技术、设备与应用展览会为例,研究临时产业集群(原文译为暂时性产业集群)的发展过程。其中涉及展览会中信息交流的有关论述,提出临时产业集群经历信息由单向向双向信息交流转变的历程。展览会孕育期中参展商重视销售因素,信息交流以纵向联系为主;成长期获取集群外额外信息是企业参展的主要动因,出现横向信息交流;成熟期参展个体之间发生知识融合,展览会使企业之间加深了解,形成关系邻近;衰退期展览会信息繁荣不再,生命力丧失。刘亮等(2012)梳理现有临时产业集群文献,强调其短暂发生特性、循环重叠特性,以及在知识融合中的作用。基于产业集群本地蜂鸣的知识创造场域,Maskell 等(2004)提出了展览会的知识创造环境系统——全球蜂鸣(global buzz),Bathelt 等(2010)、Schuldt 等(2011)对此进行了进一步研究。Bathelt 等(2010)论证了"全球蜂鸣"这一信息交换环境系统的组成结构,提出"全球蜂鸣"这一环境系统包括全球共存(global co-presence)、面对面交流(face-to-face interaction)、观察(observation)、焦点社区(focused communities)、多元化会面及关系(multiplex meetings and relationships)五个组成部分,并分析了各个部分在行动者信息知识获取中的作用。Schuldt 等(2011)对展览会中"全球蜂鸣"的企业交互进行进一步研究,选取五个全球行业旗舰展览会为案例,通过访谈分析行动者在展览会中的四种交互行为,包括基于面对面交流的知识交换(global knowledge exchange based on F2F interaction)、探讨市场趋势(exploration of market trends)、解决问题与启发(problem solving and idea generation)以及网络与渠道建立(network generation and pipelines building),分析各种交互行为的沟通交流方式与特点,以及企业从中获得的收益。对比五个展览会,得出产业属性、企业属性、产品属性是影响企业交互的因素,并归纳总结各因素对各类企业在沟通交流(与顾客的交流、与供应商的交流、与竞争者的交流、与合作企业的交流、观察、焦点社区)中的影响。可见,展览会在知识扩散过程中具有独特性,是一个复杂的系统,其中包含了多种关系与途径。另外,展览会的知识活动是行动者交互的结果,同处一个空间所产生的面对面交流促进了知识的扩散。

2)展览会对产业集群中企业的影响研究

Bathelt 等(2008)对 Bathelt 等(2004)提出的产业集群知识扩散模型作出补充,增加了集群企业参与国际展览会后的知识扩散(图2.4),经历了展览会中的全球蜂鸣后,集群企业建立了更多的全球管道(global pipeline)。Ramírez-Pasillas(2010)认为关于展览会对产业集群中企业的影响,理解社会邻近与地理邻近同样重要,提出链接邻近(bridging proximity)的概念。链接邻近是指,联结当地参加国际展览会的企业与不参加企业之间的关系网络。展览会上的行业信息会通过链接邻近在当地企业中流通,最终没有参加展览会的企业均能获得展览会中的最新行业资讯。Zhu等(2020)以上海工博会为例,基于面板数据研究发现参展企业的研发活动比非参展企业更活跃,有更多的知识交流与合作专利,展会促进了上海设备产业的合作创新网络延伸。Power等(2010)提出临时产业集群是周期性集群(cyclical cluster),是与日常经营、展展相扣的周期性事件,重复参展、参与多个展、展前展后工作是周期性的体现。以上研究关注展览会后的知识活动,从侧面论证了专业国际展览会的跨地区影响与对全球行业发展潮流的引领作用。

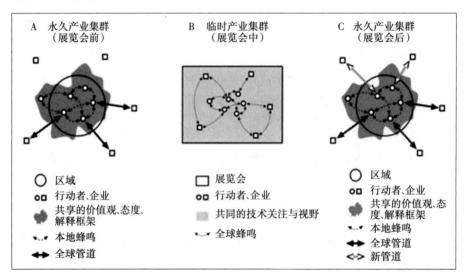

图2.4　受国际展览会影响的知识扩散模型(Bathelt et al., 2008)

综上,虽然关于临时产业集群的现有研究不多,但它是展览会研究很好的切入点。这很大程度上为研究者提供了一个理解展览会集聚效应,以及全盘把握展览会知识扩散特点的新角度。而展览会所具有的产业集群特征,使得研究可以建立在较为成熟的产业集群知识研究基础之上。

2.5 文献述评

本章从知识的本质、知识扩散、产业集群知识扩散、展览会知识扩散四个方面回顾现有文献,并重点梳理与总结产业集群及展览会知识扩散相关研究。有关展览会的研究显现转向趋势,非销售功能逐渐得到重视,展览会的行业信息交流的现象引起关注。

梳理现有展览会知识扩散的相关研究,学者主要关注供应商—客户互动以及产业链地理邻近所引起的知识扩散。在此学术焦点下,现有研究主要解释两类问题:其一,参展商与专业观众互动所产生的知识扩散过程,重点描述单一知识如何转移及其影响因素。该视角的研究具有明显的行为导向,而忽略了展览会整个环境的影响;其二,展览会中大量企业短期临时空间集聚所形成的特殊沟通交流方式与信息环境系统,以及其对知识创造与扩散的影响。将展览会视为临时产业集群的视角,很好地整合了参展商与专业观众之间的贸易关系以及参展商之间的竞争关系,显著地推进展览会知识扩散研究的全面与完善。

综合前文分析,现有展览会知识扩散研究存在以下可推进之处。

①强调展览会中行动者的交流方式,并未形成展览会对知识扩散的整体作用的理解。现有研究对展览会中知识交流进行了描述,然而忽略了构成展览会这一特殊空间要素的特征,以及对要素之间关系的逻辑梳理。

②研究立足于同一产业链企业地理邻近,仅关注产业集群企业"共同存在"所产生的面对面交流机会,促进知识扩散。然而,展览会的高效知识扩散空间形成,仅仅是因为地理邻近的特点吗?是否存在其他解释?现有研究并没有作出回应,理论解释单一、存在不足,研究体系须进一步拓宽。

③现有研究的知识概念是模糊的,知识的特性并未充分体现,缺乏对知识特征的理解。对展览会中知识界定的缺失,使得现有研究仍停留在"知识=信

息"的概念上，不利于准确地理解展览会的行业知识交换特性。

④研究停留在展览会促进知识扩散的"原因"层面，关注展览会区别于其他贸易渠道的特点如何促进知识扩散，而仍未对展览会中形成的知识扩散轨迹与影响进行研究，"结果"层面的理解尚存不足。

综上所述，从展览会的整体层面来看，知识扩散的特点是什么，如何运作，现有解释是否全面？知识扩散呈现什么形态与结构？知识扩散对企业与产业创新产生什么影响？以上问题尚未得到解释，研究有待进一步深入。基于此，本研究聚焦知识扩散这一活动环节，尝试对现有研究做三方面的推进。第一，加强研究深度，基于现有研究进行深化，聚集展览会知识扩散场域中的各要素，梳理展览会知识扩散机制，形成系统化的理解；第二，拓展研究广度，从对"因"的研究延伸至展览会对知识扩散的促进之"果"的研究，运用社会网分析法，选取展览会中横向知识扩散截面，构建知识扩散网络，通过系列指标的定量化运算，分析网络结构特征，以期对知识扩散轨迹与形态形成具象化认识；第三，延伸研究的时间尺度，探讨展览会知识扩散对展后企业知识创造与产业创新的影响。

基于临时产业集群的视角，产业集群的知识扩散研究已形成了从促进因素、扩散结构到模型预测的系统化研究体系，是本研究的重要基础。既有研究中，学者对产业集群有利于知识扩散，产业集群中企业比集群外企业更具备竞争优势达成共识。产业集群中知识扩散的促进机制研究丰富，将对展览会知识扩散机制的归纳形成重要理论补充。另外，已有学者对产业集群知识扩散结构进行系列研究，引起学界讨论，对本书具有重要的研究与参考意义。

第3章 研究设计

3.1 研究思路与框架

基于临时产业集群视角,本书旨在研究展览会知识扩散机制、网络和效应,剖析展览会对行业知识扩散的作用与影响。本书的研究问题可分为以下几个子问题。

①展览会知识扩散机制:基于临时产业集群视角,展览会举办过程中知识如何扩散? 展览会中的知识扩散机制组成部分是什么? 各组成部分之间如何交互?

②展览会知识扩散网络结构:基于临时产业集群视角,选取产业链横向知识扩散为切面,其知识扩散网络结构具备什么特征? 反映出展览会知识扩散的什么特点?

③展览会知识扩散产生的效应:展览会知识扩散对企业与产业的后续发展与创新产生了什么效应与影响?

在研究视角方面,本书选取临时产业集群为视角切入点。展览会、会议等以交流行业信息、提案、技术或维系同行关系为目的的周期性短期活动,已经有了较长的发展历史(Maskell et al.,2004)。国际展览会在有限的时间内聚集全球同一行业的专业人士,进行面对面的专业化行业交流(Maskell et al.,2006),

形成基于产业链的临时、定期、高强度的横、纵向知识交换（Maskell et al.，2004）。对此，Maskell 等（2006）、Bathelt 等（2008，2010）、Schuldt 等（2011）等研究表明，将展览会视作临时产业集群展开研究是合理与具有解释力的。基于此，本书选取临时产业集群为视角，以期借助产业集群较为成熟的知识研究体系，更好地梳理与研究展览会知识扩散中的交互作用。

在研究层次方面，本书针对展览会中的企业，从微观层面开展研究，视展览会中的行动者为异质个体。Verkasalo 等（1998）认为知识扩散是一个教与学的过程，知识传播者传授如何将新信息与现有知识基础联系起来，当知识接收者理解新信息与其知识基础关系时，知识扩散完成。Lissoni（2001）、Giuliani 等（2005）、Boschma 等（2007）、Breschi 等（2003）、Gertler（2003）等研究均验证了知识扩散并非均质网络。基于此，微观层面研究对于理解展览会知识扩散研究机制与网络结构是有必要的。

为剖析展览会对行业知识扩散的作用与影响，本书从展览会知识扩散机制与网络结构展开，形成如图3.1所示的研究框架。

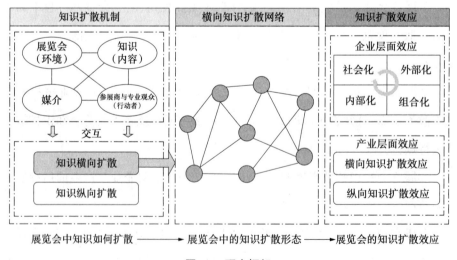

图3.1　研究框架

在知识扩散机制方面，本书分别从知识扩散的内容、媒介、环境、行动者四个方面对展览会进行探讨。基于临时产业集群的视角，展览会中互动关系可分为横向知识扩散与纵向知识扩散两种。产业集群中,同一产业链中的企业进行地理空间的集聚,容易形成本地企业的横向与纵向关系。在产业集群的知识扩散中,横向关系是指生产同类产品具有竞争关系的企业关系,容易发生不经意间的知识溢出(Bellandi,1989);纵向关系是指供应商—客户类型的上下游贸易关系,知识通过正式或非正式的交流与学习扩散(Lundvall,2009)。横向与纵向的知识扩散机制早在1920年即由马歇尔(Marshall)提出。对展览会知识扩散机制的梳理,旨在深化理解展览会知识扩散的特点,本书进一步聚焦知识在行动者间的横向知识扩散,分析知识扩散网络结构。囿于展览会短时间集聚大量人流与物流的特征,本书选取生产同类商品的参展商为研究对象,分析展览会中的横向知识扩散网络结构。之后,本研究分别从企业层面和产业层面,剖析展览会知识扩散的效应,深化Bathelt(2008)等学者对于展览会后知识如何影响企业和产业后续知识创造活动的研究。企业层面将以Nonaka(1994)提出的企业知识创造SECI模型为基础进行解释,产业层面则以横向和纵向知识扩散的结果进行分别阐述。

3.2 临时产业集群视角下的展览会知识扩散机制与效应研究设计

3.2.1 研究方法

已有展览会知识研究仍处于起步阶段,人们对展览会中的知识扩散现象仍然缺乏充分了解,需要对其运作机制进行进一步的探索性研究。"量"的研究从特定假设出发将社会现象数量化,计算出相关变量之间的关系,由此得出"科学的""客观的"研究结果;而"质"的研究强调研究者深入社会现象中,通过亲身体验了解研究对象的思维方式,在搜集原始资料的基础上建立"情境化的""主体间性"的意义解释(陈向明,2000)。基于研究不足,以及受机制提炼的复杂化与知识扩散受情境化的影响,本书选取访谈法与观察法对展览会知识扩散机制与效应展开定性研究。

3.2.2　研究案例

1)案例选择标准

基于研究问题与研究思路,本书对展览会的选择标准有四项:专业性展览会、商贸展览会、技术导向、行业影响力。

(1)专业性展览会

专业性展览会是本书案例选择的首要条件。专业性展览会是指具有特定展览题材,参展企业及产品属于某一特定产业领域的展览会。而诸如中国进出口商品交易展览会等展品范围宽泛,不具备某一特定产业范围的综合性展览会,则不在本书选择范围之列。只有专业性展览会才可形成临时产业集群,在短时间内聚集特定行业产业链上下游企业或个人,构成运用产业集群知识研究的条件。

(2)商贸展览会

商贸展览会是本书案例选择的第二个条件。商贸展览会是带有商业贸易目的的展览会,区别于艺术展览会与成果展示会等不具备商业贸易目的的展会。产业集群中企业的聚集是具有商业目的的经济活动,可以视为经济活动的集合。本书所选案例也须满足这一条件。

(3)技术导向

Schuldt等(2011)研究表明,参展主体在不同类型展览会中沟通方式有所差异。技术导向行业展览会与设计导向展览会中的参展主体的关注点各异,为了减小展览会类型的影响,本书选取技术导向的专业性商贸展览会为本书的案例。

(4)行业影响力

展览会的影响力与公信力通过作用于参展企业与专业观众的参展动机影响展会的质量(Yuksel et al., 2010),影响参展商与专业观众的重视程度与行业前沿知识的汇聚。因此,展览会题材在其所处行业中的影响力是案例选取需要考虑的重要条件。

2)案例选择

基于以上标准,本书选取中国国际社会公共安全博览会(以下简称"安博会")、广州国际汽车改装服务业展览会(以下简称"汽车改装展")、中国(广州)国际专业灯光、音响展览会(以下简称"灯光音响展")、广州国际家具生产设备及配料展览会(以下简称"木工机械展")、中国广州定制家居展览会(以下简称"定制家居展")为研究案例。

安博会,是国际媒体认证机构BPA认证的专业公共安全展,展会规模和面积名列全球领先[①]。专业观众中有安防生产厂商、安防工程/集成商、分销商/代理商/经销商、运营商、研究咨询。展品类别包括视频监控、门禁、防盗报警、楼宇管理系统、IP/以太网、系统集成、保安系统等类别。据受访者反映,参展商与专业观众覆盖安防行业产业链。

汽车改装展,是华南地区最具影响力的汽车改装服务业展览会。展品类别包括,汽车改装、影音电子、内外饰品、美容养护、连锁服务、汽车配件、轮胎轮毂等类别。据受访者反映,参展商与专业观众覆盖汽车后市场行业产业链。

灯光音响展,是华南地区乃至全国最具影响力的灯光音响展之一。专业观众以代理商/经销商,音响及灯光工程公司,进出口贸易商,音响、灯光、舞台设

---

① 资料来源:展会官方网站。

备、材料、配件厂家,影剧院,体育场馆,俱乐部,音乐厅为主,参展商与专业观众覆盖娱乐场所商用类型灯光及音响行业产业链。

木工机械展,是全国规模最大的家具制造设备展览会,与中国(广州)国际家具博览会同期举行,共包含五大主题展区:木工机械展区、五金展区、家具配料综合展区、海外综合展区以及软体机械展区。本书选取木工机械展区、海外综合展区、软体机械展区三个设备类展区为研究案例。参展商覆盖家具设备制造产业链,专业观众来自家具产业链的各个环节。

定制家居展,被誉为"中国定制家居第一展",是国内规模、展示范围、人气、专业性领先的定制家居展览会。展览会汇聚了定制+整居的全产业链展示,近年来推广行业定制、高定、智能、整装、整家等行业特点。参展商覆盖定制家居相关的材料、配件、系统、服务等环节,专业观众涵盖相关生产厂家、设计师、装修公司等各个环节。与传统家具展相比,定制家居是一个系统工程,涉及家居的整体装配、智能系统设备、门窗等分系统模块等相关工艺和技术,具备技术导向特征。

3.2.3 研究对象

本部分研究对象为参加案例展览会的参展商与专业观众。参展商是指展览会中具有展位的企业及个人。本书以个人访谈为主,访谈对象根据其岗位职责分为销售、技术、管理三类。专业观众通过注册获取参观证,免费参观展览会以及与参展商洽谈交流的各类个人和团体(Browning et al., 1988)。在本书中,专业观众须满足来自与展览题材相关的行业内商务人士的条件,即政府与协会、家属及陪同人员等非商贸组织人员不在研究对象之列。专业观众访谈对象根据其岗位职责涵盖销售、技术、管理、采购四类。

通过一定的编码规则对访谈进行整理。编码由两部分组成,第一部分为展览会名称代码,第二部分为受访者基本信息,由参展商与采购商身份、性别、公司性质、职务、岗位、从业时间组成。具体编码规则见表3.1。

表3.1 访谈编码表

信息项	类别	编码	信息项	类别	编码
展览会	安博会	A	职务	企业所有人	B
	汽车改装展	Q		总经理	G
	灯光音响展	D		总监	C
	木工机械展	M		部门经理	M
	定制家居展	C		员工	S
参展身份	参展商	E	岗位	销售	S
	采购商	V		研发	R
性别	男	M		技术	T
	女	F		生产	P
公司性质	厂家	F		采购	B
	代理商	A		管理	M
	经销商	D	从业经验	≤2年	1
	店铺	B		3～5年	2
	其他	O		6～10年	3
				>10年	4

3.2.4 调研过程

本部分调研分预调研与正式调研两个阶段。合计完成访谈116例,其中参展商64人,专业观众52人。每例访谈时间7～60分钟不等。

预调研于2013年9月7—10日开展,选取第三十二届中国(广州)国际家具展览会(以下简称"家具展")展开预调研,共完成访谈20个。其中,专业观众12

人,参展商8人。访谈对象涵盖家具生产厂家、经销商、家具卖场(零售商)等,其中,生产厂家9人、经销商4人、零售商2人、装修公司1人、采购公司1人、数据缺失3人。经预调研总结,家具展为设计导向型展会,由于据受访者表示家具行业注重产品造型与外观,不利于受访者对知识扩散的具象化及表达,对访谈中对行业知识扩散的探讨形成阻力;加之,据受访者表示,预调研阶段我国家具行业创新能力不足,除红木家具外以复刻国外设计为主。因此,预调研后笔者明确本书专注于技术导向型的专业性商贸展览会。

第一次正式调研开展于2013年10月29日—11月1日,调研展览会为安博会。共访谈专业观众5人,参展商8人。访谈对象涵盖安防设备生产厂家、经销商、代理商等,其中生产厂家9人、经销商及代理商3人、其他1人。第二次正式调研开展于2014年2月18—19日、2月24—26日,调研展览会为汽车改装展与灯光音响展。共访谈专业观众8人,参展商9人。访谈对象涵盖生产厂家、代理商、经销商、零售商等,其中生产厂家9人、经销商及代理商3人、零售商5人。第三次正式调研于2014年3月28日—4月1日开展,调研展览会为木工机械展。共访谈专业观众22人,参展商23人。访谈对象涵盖木工机械设备厂商、家具厂商、代理商等,其中设备生产厂家22人,家具厂家(即设备生产厂家的客户)21人,代理商2人。补充调研开展于2016—2022年的案例展会,采取现场观察与访谈等方式,共补充访谈参展商16人,专业观众5人,其中生产厂家18人,代理商2人,经销商1人。

3.2.5 受访者概况

受访者概况见表3.2。共访谈参展商64人,专业观众52人,合计116人。其中,男性100人,女性16人,由于案例行业管理层与决策层更多为男性,故受访者中男性居多。公司性质方面,厂家占75.86%,代理商等占24.14%,由于案例展览会参展企业以生产企业为主,而且展览会中有下游环节的生产企业与同行企业观展,故生产企业占较高比例。77.59%的受访者具有3年以上的从业经验,其中28.45%的从业经验超过10年,对行业有较深的理解。25.86%的受访者为企业所有人,33.62%为部门经理,仅23.28%为一般员工。在受访者岗位方面,35.34%从事销售或市场营销类工作,23.28%从事研发和技术类工作,2.59%从事生产工作,其中企业所有人的岗位归入管理类。总体而言,受访者概况基本符合技术导向展览会特征,具有代表性。大部分受访者具有较长从业经验与较高职务,了解行业发展,具备归纳与表达展览会中知识活动与知识扩散现象的能力。

表3.2 访谈受访者概况

受访信息		频数	频率/%	受访信息		频数	频率/%
参展身份	参展商	64	55.17	职务	企业所有人	30	25.86
	采购商	52	44.83		总经理	9	7.76
性别	男	100	86.21		总监	10	8.62
	女	16	13.79		部门经理	39	33.62
公司性质	厂家	88	75.86		员工	27	23.28
	代理商	6	5.17		缺失	1	0.86
	经销商	9	7.76	岗位	销售	41	35.34
	零售商	7	6.03		研发	9	7.76
	其他	3	2.59		技术	18	15.52
	缺失	3	2.59		生产	3	2.59
从业经验	≤2年	12	10.34		采购	1	0.86
	3~5年	33	28.45		管理	37	31.90
	6~10年	24	20.69		缺失	7	6.03
	>10年	33	28.45				
	缺失	14	12.07				
合计访谈量:116							

3.3 临时产业集群视角下的展览会知识扩散网络结构研究设计

3.3.1 研究案例

本部分选取2014年中国国际标签印刷技术展览会（以下简称"标签展"）为案例，以其中的标签设备参展企业为对象建立整体网。

中国国际标签印刷技术展览会是中国华南地区发展最早最具专业影响力的标签印刷展，2014年展览面积为2.8万平方米。展览会共设标签机械设备馆、标签材料馆、标签印刷配件三个展区。参展企业包括印刷设备供应商、标签印刷材料供应商、标签及窄幅网印机械设备供应商、智慧标签及条码印刷机械设备商、射频识别标签技术设备供应商、标签防伪技术、安全方案及应用供应商、标签检测设备、自贴材料供应商及黏合剂及热溶胶设备商、标签印刷物料及配件提供商。经过多年的发展，标签展影响力逐步提升，调研当届参展的印刷设备供应商包括琳得科、上海太阳、三起宏、炜冈、中天、东航、奈本、亿迪、玉田万杰、浩田、汇研、鹤翔、太行等行业领先企业，是我国标签印刷行业的旗舰展览会。综上所述，标签展是具有行业影响力的技术导向型专业性商贸展览会，具有代表性。

3.3.2 研究方法

本书运用社会网分析法构建展览会横向知识扩散网络，进行网络结构分析。

展览会知识扩散网络结构部分，强调参展主体之间的知识扩散关系。社会传播过程至少需要两个人，结成信息分享关系，共享一套信息符号（Wilbur et al., 2010)。信息交流的过程并不能看作具体的行为,即不是A对B做了什么,而应被看作一种分享信息的关系,引致相同的理解(Wilbur et al., 2010)。社会网分析(Social Network Analysis, SNA)视社会结构为一张人际关系网络,强调人际关系、关系内涵以及社会网结构对社会现象的解释(罗家德,2010)。社会网络是指社会行动者(Social Actor)及他们之间的关系的集合,形象地说就是由点和各点之间的连线组成的集合(刘军,2009)。其中,网络中每个节点代表行动者,可以是任何一个社会单位或社会实体,而线则代表行动者间存在的关系。

社会网分析主要分析关系所产生的影响与社会网结构两个问题,分为自我中心网、局域网、整体网三个层次。其中,整体网分析是解释社会网结构的工具,建立网络后运用数学的图形理论进行分析。通过网络密度、中心势、核心与边缘分析、凝聚子群分析、关联性分析等,反映网络结构形态与行动者的结构位置。

在过去30年内,社会网分析主要被运用于社会关系研究、社会学研究及组织行为学研究。近年来,应用范围拓展至其他学科研究,成为知识管理研究的新热点。在知识管理领域,社会网分析中的整体网分析已经成为产业集群企业间知识扩散网络结构与特征研究的常用方法(Abrahamson et al., 1997;Cowan et al., 2004;Kim et al., 2009)。连带强度与网络凝聚程度是知识分享的重要因素(Østergaard, 2009),凝聚性高交往频繁的知识网络,可以为网络内的行动者提供丰富的信息,否则除信息不充足之外,还会增加网络的不稳定性(Ingram et al., 2000;Cowan et al., 2004;Fleming et al., 2007)。Giuliani等(2005)、Boschma等(2005)、Ccnct等(2012)、Casanueva等(2013)运用社会网分析法进行知识扩散研究,获得了有意义的结论。

整体网数据通过问卷收集。问卷分别设置市场战略知识与技术知识的相关问题,获取受访者的知识互动行为。采取名单回忆法(roster recall),通过建立所有节点的名单协助受访者回忆及勾选具有相关知识互动交流的行动者。步骤如下:首先,确定整体网分析的分析单位,作为整体网中的行动者,在网络中以节点表示。受展览会中人流量大的影响，本部分选取企业为分析单位。其次，确定网络边界，将边界内所有行动者的名称或代码列入名单，通过受访者在名单中的选择，建立有向矩阵，借助图形理论分析。

整体网分析建立个案×个案的邻接矩阵。节点代表一个独立的参展企业，节点间若存在知识扩散相关行为，则表明存在扩散关系，以有向线段表示。整理数据建立有向二值矩阵。有向二值矩阵是指考虑个案与个案之间动作发生的方向，但不考虑频次的邻接矩阵。如图3.2及表3.3所示，数值X_{ij}表示从X_i行到X_j列的知识流，其中，知识从B扩散至A，从A扩散至C。

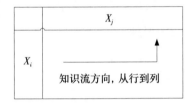

图3.2　邻接矩阵建立示意图

表3.3　有向二值矩阵建立示意表

节点	A	B	C
A	—	0	1
B	1	—	0
C	0	0	—

本书数据使用UCINET 6软件进行处理。

3.3.3　研究对象

展览会知识扩散网络结构研究部分，选取2014年中国国际标签印刷技术展的标签印刷设备与配套展馆开展调研，选取标签机械设备参展企业为研究对象，构建一个临时产业集群的横向知识扩散网络，对网络的结构形态进行测量与评估,反映展览会中知识扩散研究的特点。

本部分研究选取参展企业作为研究对象,原因在于:其一,整体网的建立需要在一个封闭网络中进行,展览会专业观众量大且流动性强,不利于边界与行动者数量的确定,而参展企业具有固定的展位,行动者数量与名单固定;其二,参展企业多为标签行业的设备生产厂家,处于产业链同一环节,具有横向关系,且展览会中横向知识扩散主要发生于参展商之间,符合横向知识扩散网络构建要求。

因此,知识扩散网络以标签展中所有标签机械设备参展企业为研究对象,以此界定边界。在标签展的三个展区中,标签设备及配件与标签印刷材料属于产业链上下游关系。本书仅选择标签印刷设备参展企业为研究范围,为避免主办方展位安排所造成的遗漏或误差,数据收集在标签印刷设备及配件展区内进行,并在数据收集完成后去除配件及无关企业,确定最终的整体网络。展览会于中国进出口商品交易会展馆举行,该展区分布在展馆6.1与8.1,共有标签印刷设备及配件企业130家。由此,确定2014年标签展标签设备及配件展区内130家企业为拟建立整体网中的行动者,确定行动者名单。

问卷填写对象选取,考虑受访者对企业情况的反应能力及对企业观点的代表性,选取企业中、高层管理者填写,单纯从事行政、秘书、前台等支持性工作人员不在受访之列;尽量选取入行时间多于3年的人员填写,考虑展览会时间短及参展企业员工工作任务繁重,入行时间少于3年的人士,可在符合受访者选择标准人士的指导下填写问卷。

3.3.4　调研过程

本部分调研分为资料查询、预调研与正式调研三个阶段。合计完成有效问卷样本95份(需要说明的是所选展区所有企业,包括标签设备与配件,一共130家企业)。

　　资料查询阶段为案例选择做准备，通过网络信息及新闻报道了解备选案例的情况。根据案例选择标准，选取2014年3月3—5日同期举办的2014年华南国际印刷技术展、2014年中国国际标签印刷技术展、2014年中国国际包装工业展、2014年包装制品与材料展、2014年国际自动化展、2014年中国国际水处理展为备选展会。

　　预调研阶段受展览开办仅有3天的限制，选取2014年3月3日（即开展第一天）进行预调研，完成案例选取、网络边界确定与问卷修订。案例选取以遵循技术导向型专业性商贸展览会为标准，展览会中须形成明显的产业链关系，无关产业企业数量少。通过进入展览会进行展品类型排查预选，筛除不具备明显产业链横向关系的展览会及展区，并通过访谈进行进一步选择。经过比较，选取2014年中国国际标签印刷技术展的标签印刷设备与配套展馆为案例及网络边界。预调研期间进行5例访谈，包装展企业3例、标签展企业2例，其中4例访谈超过15分钟。由于调研范围内企业数量有限，预调研并没有采用大规模预问卷发放的方式。问卷修订于访谈期间进行，邀请企业预填问卷，并阐述对问卷题目的理解，重点关注题项设置能达到研究目的，并根据受访者的意见调整问卷题项与表述。

　　正式调研于2014年3月4—5日展开，共发放问卷130份，回收98份。每份问卷均在问卷派发者的一对一指导下完成。在名单回忆部分，要求问卷派发者进行相应解释，协助受访者对题目的理解，并提高受访者的重视程度。

3.3.5　问卷设计

　　殷国鹏等（2006）指出，社会网分析法运用到知识管理研究中涉及两个变量：第一，结构变量，测量两个行动者之间的某种特定关系，例如行动者之间的信息或知识流动、贸易、投资等；第二，组成变量或称行动者的属性变量，通常是单个行动者层面的描述，例如可以测量行动者的性别、专业或企业的行业、规模等。本书调研问卷有三个部分：知识网络构建（结构变量）、企业情况（组成变量）、受访者基本信息。问卷主要目的在于构建标签展中横向知识扩散网络，收集企业基本信息。受访者基本信息则是甄别问卷是否有效的重要指标。

1)标签展横向知识扩散网络构建

Boschma等(2005)指出，在产业集群中扩散的知识有市场战略知识(market-strategic knowledge)与技术知识(technical knowledge)两类，针对两类知识构建了市场导向与技术导向的知识扩散网络。市场战略知识侧重于市场趋势的甄别，包括客户偏好及市场趋势与现有产品的断层；技术知识则侧重于生产的新方法、新设计与新技术的实现(Boschma et al., 2005)。本文展览会知识扩散机制部分研究印证了这一结论(详见第4章)。因此，借鉴Boschma等(2005)研究，将展览会中的知识扩散进行具象化。

在市场战略知识扩散网络构建中，Boschma等(2005)以问题"贵公司从名单中哪些企业获取过市场知识?"获取数据。据访谈所得，展览会中参展商可了解到的行业的变化与趋势，主要通过客户与参展同行进行。参展商注重在展览会中对同行的观察，关注同行的产品，了解新产品聚集所外化的知识，判断产品发展前景与自己二次开发的可行性，为未来市场战略及产品开发方向决策形成重要知识基础。由于案例为技术型专业性商贸展览会，关注新技术对市场战略投资决策存在的影响，也在市场战略知识中体现。结合知识扩散机制部分及预调研的访谈分析，本书将问题修订为"在6.1及8.1展馆中，哪些企业的新产品或新技术值得关注?"

根据知识扩散机制部分中的访谈所得，展览会中参展商有目的地学习同行的技术，主要通过观察与交流两种途径。参观与观察主要获取技术的基本面，包括技术所能实现的功能、技术在产品中的应用优劣以及部分技术原理等。而关于技术的实现、工艺、精度、难题等深层次技术知识，则需要通过与同行进行技术交流获取。由于同行竞争的敏感关系，部分参展企业员工通过伪装为同行的客户,获得与目标企业的深度技术交流。结合知识扩散机制部分及预调研的访谈分析,并考虑企业员工伪装成客户交流的忌讳,本书将问题修订为"在6.1及8.1展馆中,关于技术的创新和改进,贵公司在展览会中向哪些企业学习或交流?"

市场战略知识与技术知识网络的构建,是基于企业认知的行业新知识扩散的网络构建。结合展览会对"新"的强调,立足知识扩散的定义,网络构建的前提假设为,基于企业自身的原有知识水平,企业倾向于接受知识基础以外的新知识,了解不知道或不了解的知识。综上所述,本书将构建市场战略知识扩散网络与技术知识扩散网络,进行对比及分析。

问卷效度由以下三个方面控制,其一,行动者数量,选取网络内共130家企业,数量适宜,有利于问卷的可读性,避免名单过长可能导致的数据缺失与偏颇;其二,考虑受访者阅读习惯,名单排版至A4纸一个版面内,避免阅读的难易程度及顺序排列造成的影响;其三,考虑受访者查找企业的便利性,设置两种形式的名单,分别为列表式和地图式。列表式名单,为企业快速按名称查找企业设置,具备拼音首字母、企业名称、公司所在地、所在展馆四类信息,名单按企业名称拼音首字母排列。地图式名单,为企业快速按地理位置回忆企业设置,对展会参展指南中包括企业名称与标志的地图进行复印。意在尽可能地协助受访者进行回忆,获取尽可能地接近客观事实的数据。

2)企业情况

这一部分问卷包括企业基本情况、参展情况以及对企业实力的衡量。企业基本信息包括企业规模、成立时间、企业性质。参展情况包括参加该展览会的次数与参展目的,以对企业参展的背景进行了解。企业实力的衡量包括在职研发人员数量、技术人员数量、专利数量、展会中推出新产品数量、行业地位的评估。其中,研发人员数量是指企业目前所雇用的研发人员总数,该指标在Cohen等(1989,1990)、Nicholls-Nixon(1993)、Giuliani等(2005)的研究中,作为企业知识基础的指标；专利数量是指企业获得的专利数量，包括国内与国外专利，Cohen 等(1989,1990)、Giuliani 等(2005)曾运用该指标衡量企业知识基础，两项指标均反映企业的研发实力。行业地位的评估选用提名法，问卷中原题表述为"请列举标签印刷行业中技术领先的3个龙头企业"以此统计每个企业的行业地位得分，每获得1个提名，记1分。

为避免数据分区产生的误差，本部分问卷以填空形式进行，请企业直接提供具体数据。

3)受访者基本信息

受访者基本信息由受访者性别、年龄、岗位、职务、从业时间构成，用于有效问卷的甄别。

3.3.6 数据初步处理

回收问卷中，本书设定以下情况为无效问卷：受访者草率填卷，受访者对整体网构建问题完全不清楚且无他人协助，拒绝填写整体网构建问题。剔除无效问卷后，本书对回收问卷进行初步处理，对整体网络边界进行二次明晰。

首先，去除非产业链中非横向关系的行动者。本部分旨在研究展览会中的横向知识扩散，由于标签设备及配件展区中包括机械设备类企业、配件类企业，以及由于展位安排缺失所存在的少量无关企业，笔者对130家企业进行二次筛选。筛选严格按照标签机械设备标准，去除与研究无关的企业(行动者)。去除企业包括零部件生产企业或代理、材料供应商、印刷厂家、非标签行业企业，见表3.4。在标签展中，共有印刷设备参展企业97家。

表3.4 整体网边界调整去除企业

类型	数量	百分比/%
零部件生产企业或代理及材料供应商	30	31.6

续表

类型	数量	百分比/%
印刷厂家	2	2.1
非标签行业企业	1	1.1
合计	33	34.7

其次，去除无应答行动者。受受访者的意愿影响，部分受访者并未回答横向网络构建相关问题。由于无应答不可视为与外界无知识扩散关系，将无应答受访者置于网络中是不合理的。本书将这部分行动者在网络中去除。

最后，横向市场战略知识扩散网络与技术知识扩散网络建立起来。

3.3.7 样本概况

对标签展所选展区的所有企业（130家）发出问卷邀请，共发放问卷130份，回收问卷98份，回收率75.4%，拒绝率24.6%。回收有效问卷95份，有效率96.9%。去除零部件生产企业或代理、材料供应商、印刷厂家、非标签行业企业，以及未回答横向网络构建问题的行动者，共74个节点回答了问卷，占比76.3%；有效问卷72份，有效率97.3%，节点应答率为74.2%。Boschma等（2005）运用社会网分析法，选取意大利巴勒塔市鞋类产业集群进行研究，从集群内55家企业中，共获取33家企业数据，节点应答率60%。Giuliani等（2005）选取智利—葡萄酒产业集群为案例进行研究，通过滚雪球的方式，从100家企业中获取32家企业建立整体网。基于此，虽然笔者没有说服所有企业参与问卷研究，但已获取较高的节点应答率。

同时，对现有数据进行拟合度检验（goodness-of-fitness）。由于无法获取未接受调研企业的企业信息，本书选取展位大小作为企业规模的代理进行检验。参展企业展位大小通过展览平面图收集。卡方检验得出，卡方值为2.979，自由度16,渐近显著性为1.000,拟合度良好。最终,受访企业基本情况见表3.5。

表3.5　问卷受访企业概况($N = 72$)

受访企业信息		频数	频率/%	受访企业信息		频数	频率/%
参展次数	1	10	13.9	公司规模	1 ~ 50	36	50.0
	2 ~ 5	33	45.8		51 ~ 100	14	19.4
	6 ~ 10	19	26.4		101 ~ 200	14	19.4
	11 ~ 15	4	5.6		201 ~ 500	5	6.9
	>15	6	8.3		>500	3	4.2
参展目的	销售	46	63.9	成立时间	1 ~ 5	15	20.8
	建立与维护客户关系	37	51.4		6 ~ 10	19	26.4
					11 ~ 15	18	25.0
	品牌建设与宣传	56	77.8		15 ~ 20	10	13.9
	市场调研及搜集行业信息	31	43.1		21 ~ 30	4	5.6
					31 ~ 40	3	4.2
公司性质	厂家	62	86.1		41 ~ 50	0	0.0
	代理商	7	9.7		>50	2	2.8
	经销商	1	1.4		缺失	1	1.4
	其他	2	2.8				
合计样本:72							

注:参展目的题项为多选,故总百分比高于100%。

受访者基本情况见表3.6。受访者中4.2%为企业所有人,11.1%为总经理,9.7%为总监,即约25%的受访者为企管高层,40.3%为部门经理,仅29.2%为员工,由于企业高管在展览会中进行社交及观察市场行情,较多在展位外活动,因此企业高层所占比例仅达到25%;在行业经验方面,83.4%受访者具有3年及以上经验,11年以上经验为15.3%,仅9.7%的受访者入行经验少于两年;在从事领域方面,19.4%受访者从事技术类岗位,72.2%从事销售类岗位,由于企业参展派出员工以销售人员为主，从事领域以销售岗为主。综上所述，受访者具备反映企业真实情况及意见的能力。

表3.6　问卷受访者概况（$N = 72$）

问卷受访者信息		频数	频率/%	问卷受访者信息		频数	频率/%
性别	男	56	77.8	行业经验/年	≤2	7	9.7
	女	12	16.7		3~5	30	41.7
	缺失	4	5.5		6~10	19	26.4
年龄	19—30	31	43.1		11~15	8	11.1
	32—40	28	38.9		>15	3	4.2
	41—50	8	11.1		缺失	5	6.9
	51—60	1	1.4	岗位	研发	5	6.9
	缺失	4	5.5		销售	52	72.2
职务	企业所有人	3	4.2		技术	14	19.4
	总经理	8	11.1		行政管理	5	6.9
	总监	7	9.7		采购	3	4.2
	部门经理	29	40.3		其他	2	2.8
	员工	21	29.2		缺失	3	4.2
	缺失	4	5.5				
合计样本：72							

注：受访者岗位题项为多选，故总百分比高于100%。

第4章　展览会知识扩散机制

本章重点在于梳理与归纳展览会的知识扩散机制,解释展览会这一特殊空间是如何促进知识扩散的,归纳展览会知识扩散的"面"特征。在Bathelt等(2008)、Bathelt等(2010)、Schuldt等(2011)前人研究的基础上,从展览会的整体层面入手,进一步深化展览会各组成部分之间的交互作用,为第5章的知识扩散网络结构分析奠定基础与支持。

分析前有必要先明晰"机制"这一概念。不同学科中,机制的解释与要求不同(Hedström et al., 2010)。展览会属于社会现象,因此本章对机制的定义基于社会学解释展开。表4.1列举了部分有关机制的常见社会学解释。从中可得知,机制是对现象的系统化解释,其运行拥有一套结构。机制解释的重点在于对结构的阐释,从而打开现象的黑箱,呈现各个组成部分如何交互与运作。基于此,欲解释现象产生的机制,须界定机制中存在的组成部分是什么,以及各个组成部分之间是如何交互的。

表4.1　机制定义的整理

定义	出处
机制是指一个通过整合各组成部分的功效及其间的组织可以运行某一功能的结构,其功能是一个或多个现象的解释	Bechtel等(2005)
行为的机制是一个复杂的系统,通过几个部分的交互产生,各个部分的交互是直接的、不变的、与变化相联系的概括	Glennan(2002)

续表

定义	出处
机制就如黑箱或机械内部结构,通过内部齿与轮的运作进行解释。机制为解释要素与被解释事物之间因果或意向联系的一系列链条提供解释	Elster(1989)
机制的模型为:①描述一系列组织化或结构化的组成部分;②每个组成部分的行为是受干预而变化下的概括;③主导各个部分的概括同时也是独立可变的。基于①—③的描述,机制的输出因各个部分输入的不同与变化而异	Woodward(2002)

在知识扩散研究领域,Albino 等(1998)在梳理产业集群知识扩散过程前人研究的基础上,总结得出知识扩散的分析框架,由四个部分组成,包括媒介(media)、内容(content)、环境(context)与行动者(actor)。媒介,是指能够用于知识、信息、数据扩散的所有方法,知识扩散所需要的途径与载体;内容,是指行动者内发生转移的内容;环境,是指知识扩散所存在的环境,知识扩散所涉及内容、媒介、行动者发生交互的场所,内部环境指企业内部运作与文化,外部环境指企业间联系发生所处的环境与氛围(Lamming, 1993);行动者,则指知识扩散的主体,可以是公司或者个人。Shu 等(2007)认为,该框架是对产业集群知识扩散基础条件的诠释,对相关的因素与情况作出很好的归纳。Duan 等(2010)认为,该框架较好地涵盖知识扩散的各类因素,以及因素间的关系,并采用此框架分析跨国知识扩散的影响因素。此外,该框架也在相关研究中被提及(谭大鹏 等,2005;冷晓彦,2006)。该框架涵盖从知识扩散的媒介、内容、环境与行动者,能较好地反映出机制的含义,也有利于全面地阐释展览会这一复杂系统。同时,该框架对各组成部分及其关系的阐述,有利于研究展览会这一特定情景的独特性,以及展览会中多种要素如何促进知识的扩散,从而对展览会的优越性产生

洞见。相比之下,Nonaka(1994)、Abou-Zeid(2005)、Arikan(2009)等其他模型或分析框架主要关注个体或组织从知识获取到内化阶段的行为。一方面,在展览会的短时间密集知识活动中难以剥离;另一方面,并未对知识扩散所处的情景予以足够的关注,适用性也须进一步考究。因此,本书采用Albino等(1998)分析框架展开阐释。

4.1　展览会知识扩散机制之媒介

知识扩散之媒介,是指知识通过什么进行传播,从系统角度而言,媒介由编码(code)与通道(channel)两个元素组成(Albino et al., 1998)。换言之,媒介定义知识的承载物,通过承载物的外化与转移,知识得以扩散,常见形式包括文件、电邮与电话等。

展览会中知识的扩散通过新产品的展示来实现,新产品成为知识扩散的媒介与承载物。知识的表达由数据、语义、语境构成。知识载体是表达这一整体的媒介,指使得个人可以构建属于自己知识的承载物,泛指各类有形实物,包括书与报告等(Louis-Sidney et al., 2012)。另外,我们也可以从知识溢出的研究中得到启示,Griliches(1992)根据知识载体类型将知识溢出分为物化与非物化形式,其中物化溢出是指商品所蕴含的知识通过商品交易而溢出。基于展览会的B2B商贸活动以及注重“展”的特点,展览会中的活动主要围绕产品展开。一方面,企业在展览会中通过多种手法展示最新产品,代理商、经销商及下游企业在展览会中搜寻适合自己的商品,围绕产品进行交流与业务谈判;另一方面,新产品是行业最新设计理念与技术应用的最终实现,实际接触产品是目前最受业界重视的知识获取途径(Reychav, 2009)。具有技术与行业背景的行动者,可以通过对产品的观察与检验获取丰富的行业知识,对技术的应用与市场趋势进行判断与学习。与研讨会等其他专业集聚(professional gatherings)不同,展览会对行业某一特定主题趋势的反映，是通过体现这一主题的新产品展示引发的，而研讨会则是对现有知识与行业智库的新想法进行逻辑梳理。可以说，新产品为展览会中的活动与交流提供了具体的语境，在受语境影响较大的隐性知识扩散中起着重要的作用，从以下访谈材料中可得到例证。

　　"(问：先生参观过比较多展会，哪些展会中您的行业知识收获比较大呢？)实样，实体展，就是会展出他们最新的实样，每个展会都要有最新的实样。比如这个展，有最新的设备，展示它的功能。如果是18号那个家具展，就是展出最新的款式，哪些款式会流行，哪些款式会淘汰。从展会上面，我们会知道这些。然后，靠自己去预测，在展会上主要还是要预判，展会对预判的帮助很大，展会有很多厂家参展，你可以自己去看，去其他地方找不到那么多。"

(MVMFGT4-58)

　　"展会，很简单，就是东西拿出来展示，然后信息就传播出去了啊。(问：展会上会交流什么呢？)展品为主。之前没合作过的新厂商一般是对产品感兴趣，如果觉得产品不错的话，就会做进一步的工作。"

(AVMDBM4-02)

　　"在展会上他们往往是看这个有没有新货啊，有没有什么新的功能、厂家质量能达到什么程度，和别家比起来，你们的产品是不是更好，分辨率有没有更高。(问：那你们跟客户交流主要聊什么呢？)跟客户的话，一般是技术方面的介绍。(问：他们会不会关注公司管理的东西，比如工艺方面的？)会啊，如果对我们的产品感兴趣的话，可能会提出一些去参观工厂啊，这样一些要求。(问：产品是第一关，产品合适才会有后续的交流？)是的。"

(AEMFMT03-06)

　　"我们等会儿去看一下同行，看看有什么新的产品，我们借鉴一下,学习一下。"

（MVMFBM4-39）

"第一个我们看看展会上有没有新的东西，第二个是看看设备。所以，我们通过展会可以看到同行业的发展，这是一个专业的展览会。因为我们做这个行业，现在更新换代比较快，设备和产品都有。"

（MVMFMS4-50）

新产品作为知识载体，在展览会中承载知识扩散的功能实现，其前提条件与实现方式是两个重要的要素。

其一，产品承载大量知识的前提条件在于，产品是技术、工艺等行业知识的最终实现，是设计理念以及技术等无形知识的外化与载体。当受访者被问及如何在展览会中了解最新的知识与趋势时，了解产品往往是主要途径。行动者通过多种方式了解产品，从产品中萃取出相关知识。受访者表示理念与技术是通过产品体现的。

"机器行业很少有革命性的东西，你会知道它在哪些方面做出了改进，但是很少有革命性的东西，颠覆性的产品。每年有哪些产品做出了改进，有哪些新的理念。当然新的理念也是通过产品来实现的。"

（MEMFMS-46）

"（问：那安防产业里面的新技术主要包括什么呢？）技术其实就是由产品方案体现的。"

（AEMFMT3-06）

"今天展示的肯定都是新品，包括我们的一些新工艺的突破，都是有些特点的，不是随便拿一个产品就能展示。每个产品展示放在这里都有它的用处，你开发一个产品也有它的方向，是吧？那么你既然展出来肯定是选择符合你对这个市场的理解，对未来趋势的理解，这是一种判断,是一种引导。做的好的大企业和好的品牌,它就是一种潮流的引导。"

（CEMFCT2-102）

其二,产品作为知识载体传递知识的功能以产品的展示与对比实现。展览会是一种经济活动,为了达到销售目的,参展商往往以主动开放的态度向观众展示新产品。专业性展览会的"展示"功能得到了大部分受访者的认可,被认为是展览会最重要的功能与特色。展览会为产品展示提供了开放的空间,产品的外观、动作、结构、细节以及效果得以充分展示。其中,通过产品的现场运作与样品测试,行动者可以掌握产品的质量与效果,一方面可对产品的发展前景进行判断,另一方面产品研发人员可了解到如何在技术上实现产品的功能,即新技术如何在产品上运用。作为知识载体,产品被业界现场检视实现隐性知识的外化,新技术应用等新知识通过产品得以体现。

"首先就是去那个企业的展台,因为他们会搭建一个平台,去演示他们的产品达到一个什么样的水平和功能性,产品的性价比如何和市场应用情况如何,都可以看得出来。包括在未来5年,究竟市场份额能够达到多少。因为现在技术如果发展得好的话,对品牌公关的要求也很高。"

（AEMFMS2-11）

"其实是一个创新的过程。一般展会我们可以看到（产品的）外观、细节。很重要的是,如果外观和细节不好,那么顾客就会否定你。展会上面重要的是（产品的）外观和细节两个部分,比如说,边界处理,油漆喷的效果啦!"

（MEMFST2-43）

"（问:那你们会如何向顾客展示你们的新产品呢?）主要是通过一些操作,配合一点讲解,同时让顾客去体验。顾客会比较直观地了解到我们在卖什么，特色在哪里。"

（AEMFMT3-07）

"焊件比较容易看出来结构，就像楼跟楼的形状不一样，那就是（产品的）结构不一样，结构也可以从外观看见嘛。结构是看稳定性，稳不稳定。看看结构啦，根据什么原理，它们的结构优点是什么？"

（MEMFSR2-63）

"我们是做监控器的，我们主要是看影像，影像的清晰度，展会上这样安装着看也不够，因为监控器是24小时的，晚上暗的时候，画质变得怎样你不晓得。有些要装户外的，你也看不到，阳光一照，可能就都模糊了。网络与E-mail看到的是文字和图片，对我们判断产品是不够的，但是展览会里面可以看到实物，至少可以看到80%～90%的质量。"

（AVMDBM4-02）

"我们主要是拿设备过来参展，参展后根据现场的试机，拿样本现场试机，我们主要是做家具的，做木门、橱柜地板这一块，拿他们的产品过来现场试机。"

（MEMFMT4-44）

"卖场不一定有机器看，不一定有现货，不会试机给你看，没那么大的位置，那么多的时间，没那么多样板可以做展示。（展览会）现场就是一直在演示。"

（MEMFSS2-52）

在另一层面，当大量知识载体集聚在同一空间，其整体特征与内部对比都被赋予了新的意义，形成新的知识。展览会中大量新产品集聚，形成一个整体，根据每年新产品的不同，会形成不同的整体特征。通过全球（或区域）市场的微缩，各企业的新产品功能、特性与技术应用，在整体上是行业生产现状与趋势的反映。在展览会中，新产品的数量、各类型新产品的数量、新技术的普及率等数据指标，都具有重要意义。受访者QEMFBM3-17与AEMFMT3-07在访谈中对此作出了解释。

  "发展趋势……嗯，比如说我们在展会上会看到现在导航的界面，大家都是用什么样的产品。比如说现在速绘是比较新的，大家都在用这个技术，就表明这是现在的现状。所以你也可以看到，别家展出的展品具有什么性质。展商都会把好的产品展示出来，如果展商现在都是展速绘的，没有人展类比（音译）的，那可能就是这个产业已经没了，所以会看到大家说，哇，那就是现在的趋势。"

（QEMFBM3-17）

  "在展会里面，我们会做调研，比如我们现在在做两种产品，这些产品有多少家企业在做，需要哪些外部的资源，对我们的未来发展是否有帮助，那样我们才会去做。"

（AEMFMT3-07）

  数量在空间上的压缩也产生了对比的效应，新的知识产生与扩散。为推广新产品，参展企业在展览会中同时对新产品进行公开透明的效果展示，空间的集聚使得产品间的比较自然而然地发生，形成对行业知识的另一种外化形式，与基于对新产品的整体水平形成的知识形成补充。而产品效果的集中展示所产生的对比效应，受参展商与专业观众的行业经验影响，行业经验越丰富，隐性知识对其的显化程度越高，知识就越容易被吸收。

  "通过展览，把我们的产品推广出去，然后再根据其他厂家进行横向和纵向的比较，我们的优势在哪里？"

（MEMFMR2-59）

  "主要是在了解。其实我们行内、行外人看是不同的。假如，我英语要差一点,那是我的阅读比较差,还是写作呢?一对比就知道优点和缺点,只要放在那里就能知道了。"

（MVMFMS4-50）

"每台机器,客户只是知道机器的功能是什么,但是不知道做出来的效果怎样,即使知道效果怎样,他们也都希望能够对比其他的效果,一个可以对比,另一个可以切实一点去了解。"

（MEMFSS2-52）

综上所述,基于临时产业集群视角,展览会在短短几天内集聚覆盖某一行业内产业链上下游的新产品,通过集中的产品效果展示以及其所形成的整体水平与对比,达到行业新知识外化的效果,实现知识在展览会中行动者之间的扩散。基于产品这一知识载体,参展商与专业观众通过专有的编码获取产品效果所传递的行业最新知识,并进行内化与交流。新产品作为知识载体,是知识扩散的媒介,为展览会的知识扩散设定了特定的语境,也是展览会的知识扩散机制与其他渠道的主要差异之一。

4.2 展览会知识扩散机制之内容

4.2.1 展览会中知识的属性

隐性知识难以远距离传播,传播成本与传播距离呈正相关关系。展览会的临时产业集群特性,使得远距离行动者在展览会的空间内进行面对面的交流与互动,成为行业隐性知识扩散的有效途径。展览会中的知识尚未编码,公信力与品牌效应高的展览会拥有行业风向标的地位,聚集行业大量新产品,通过新产品所外化的知识是行业的新知识。另外,展览会中的知识具有隐性特征,通过新产品外化所产生的行业趋势、市场判断、技术、工艺及其实践应用等知识，是难以用文字清晰表达的，符合Zack（1999）对隐性知识所下的定义，隐性知识来源于经验，不能明确地用言语表达，是一种潜意识的理解和应用，涉及个人的经验、信念、观点和价值，存在于专家的技能、员工的头脑之中，被广泛接受但不能条文化于企业实践当中。

值得注意的是，展览会中扩散的知识的隐性特征因不同群体而异，属于显见隐性知识。对拥有共同的语言与同具有相关知识背景的行动者而言，展览会中的知识可通过专有编码实现知识转移。展览会中的知识存在其编码本（codebook），为一个特定的群体所拥有，并不是公开存在或被大众熟知（Cowan et al.，2000）。对于大部分人而言，知识的编码本是被移走的（displaced），知识是不可理解的。展览会中的知识扩散存在于行业专业人士之间，他们拥有相近的知识背景，对展览会中扩散的行业知识具有很强的识别能力。而对于行业以外的，甚至是细分领域以外的人而言，知识是隐性的、不可辨别的。以下访谈内容为该观点提供了例证。

"前沿的东西啊，来展会只是来看一些产品，看不到什么东西的。（我在这里看不到）前瞻性的东西，因为我们不是做这个行业的，没有这个敏感性。"

（MVMFMS2-51）

"因为安防其实有很多产品的，很多我见都没有见过。我是做收费和道闸的，那收费、道闸、计算机，我会看一下，别的我根本就看不懂，看不懂就看热闹咯。"

（AVMFSR2-01）

"如果你不是这个行业的，可以编程出那个动作，但是在现场的生产中是没法用的。比如从这边喷好漆后，走到另一边去干燥。你看的时候，你不能确切地知道它是在干燥，或者有其他功能，你知道它的动作，但是你不知道机器到底是怎么用的。为什么要先滚后干燥，而不是先干燥后滚啊，有很多工序的。"

（MEMFMT4-44）

"比如说，我看一个东西看不懂，但是你是做这一行的，你会给我指点，这个就是门道了。如果我们都不太懂，那我看热闹也很累。看展览跟着专业人士去看比自己去看要好，比较有心得。展览的窍门，你要看它的重点在什么地方，比如说都是攻放，专业的人会知道什么东西是值得看的，什么东西是比较新的，但我们就不知道了。"

（DVMDBM4-24）

"（问：展览会里面参展商那么多，你们是全部都看吗？）找自己相关的，别的不太了解的就没看了。"

（MVMFMS4-50）

编码本的掌握程度影响对展览会中知识的理解与吸收。新入行或跨行业人士所掌握的编码本有限。据受访者反馈，"隔行如隔山"这一俗语在展览会知识扩散中常有体现，由于展览会中知识通过新产品承载，对专业不熟悉的人，无法抓住重点及从新产品中识别丰富的信息，只能看到外观与表面。展览会中的知识对于他们来说，是难以理解的。因此，为获得充足的信息，提高知识获取效率，不少刚入行或跨行业的观众需要邀请行业人士陪同逛展，否则无法达到最好的参展效果。以下受访者对此作出解释。

"要么就是新客户，他们什么都不懂，但是有钱，不知道这些东西怎么做，他会到外面找懂一点的人，比如负责生产的厂长，他们会去探讨设备怎么弄，买多少。他们会让那个懂的跟你谈，一起来的，自己看只能看到这个是做什么的，了解一下，那个是做什么的，了解一下。"

（MEMDMS3-71）

"我才刚刚进入这个行业，去逛一圈也没有什么感受，也不能总结出什么。"

（QEFFSS1-15）

"如果你是一个新入行的，那么你看所有机器都是铁的，轴心在动而已。但是我们看的并不是那些，而是机器的整个动作，整个加工的方式和流程是怎么产生出来的。"

（MEMFMR4-37）

行业领先的专业性展览会，集中展示每个企业的最新产品与技术，通过产品所外化的知识，是未经编码、验证与总结的。即使行业内的人士和外的人士同处展览会同一空间，面对同样的情景，但知识扩散的壁垒是存在的，即俗语所言"隔行如隔山""外行看热闹，内行看门道"。显见隐性知识的可编码程度对于同一行业的行动者也不是均等的，受行业经验的影响。

综上，区别于其他知识扩散渠道，展览会的特点在于显见隐性知识的扩散。展览会在短时间内达成同一产业链上下游从业人员的地理邻近，基于参展商与专业观众具有共同的知识背景与行业经历，知识通过专有的编码传播。这一结论也是专业性展览会具备更强的生命力，更具市场竞争力的解释之一，其对行业知识扩散效率的促进，是综合性展览会无法比拟的。

4.2.2　展览会中知识的类别

Boschma 等（2005）将产业集群中扩散的知识分为市场战略知识（market-strategic knowledge）与技术知识（technical knowledge）两大类。市场战略知识侧重于对市场趋势的甄别，包括客户偏好、市场趋势，以及现有产品在供求上的断层；技术知识则侧重于有利于提高生产的新方法、新设计与新技术的实现（Boschma et al., 2005）。展览会作为一种临时产业集群，所传播的知识也存在相似的特征,同样可分为市场战略知识与技术知识两大类。

展览会中的市场战略知识,主要体现为参展商与专业观众通过展览会对市场行情与发展趋势的判断,在宏观层面上主要是整个行业的市场导向,由市场中所有新产品的类别、数量、实现了哪些改进等面上数据总结而来。在微观层面上则为某一具体类别产品在市场中的销售前景,由产品功能、效果、新技术的应用、价格、同类产品数量、产品销售情况等信息综合与总结而得。展览会中所呈现的是新产品发展前景与市场趋势动向,形成重要的市场战略知识,成为未来企业商业决策的重要依据,有助于企业做出更精确的市场战略决策。

"都会去了解,了解这些新的产品是不是有未来性,产品之后会往什么方向发展,那我可不可以往那个方向去开发。"

(QEMFBM3-17)

"客户过来的话,主要是想关注有没有新的东西,有没有一些新的产品要发布,因为一个展会本身就代表了公司未来几年的发展趋势嘛,代表了公司之后的发展规划,所以客户往往是关注新的产品和新的功能。"

(AEMFMT3-06)

技术知识主要体现为参展商与专业观众通过展览会获取解决技术问题的方法或技术的实现,对产品功能的改进与技术应用创新。在展览会中,技术知识体现于产品的细节、结构、功能的实现方式、工艺等。展览会知识扩散中的行动者基于对新产品的观察与调研、与同行的交流,学习产品功能改进的技术实现方式,形成产品改进与技术难题解决的思路,技术知识得以扩散。

"如果你做技术的,不出门,光靠结构理论和自己想,很多东西你是想不出来的。但是你看了,可能一下子就明白了,原理一样,结构可能会不一样。是一种启发，一种启示，也不是说要一模一样地完成，但是他们用这种结构有什么好处，然后自己再改进。我们也不用拍照的，我们看一眼就可以了。就会知道怎么去运作。因为你本身就对这个产品有了解，对结构、动作都有了解。"

（MEMFSR2-63）

另外，行动者也会在展览会中受到其他启发，获取除市场战略知识与技术知识以外的知识。其他知识的涵盖面比较广，包括产品陈列方式、销售技巧等。以下是受访者曾提到的相关观点。

"看了一圈以后，其实我们也会去看他们的展厅布置，因为这个产品的位置对人的购买是有影响的，包括与人体高度的相互关系。（问：就像超市的货架，和我们眼睛平衡的地方，是最贵的？）对对对。所以说，我们可以学一下他们的展品摆放，最直接的是会影响我们每一季促销的时候的产品摆放。我一共进了三款产品，在展会上，他们的摆放是白色、金色、黄色，为什么那么摆，肯定是有原因的，在我的店里如果有相似的产品，我也可以借鉴一下这么放。或者调整一下我们的装潢，调整一下它们的间距。"

（QVMBBM2-21）

"其实，我们每个人关注的东西都可能不同。像我做销售的，我会在展会上面看别人是怎么做销售的。销售做得好不好，像我做了那么多年的，一看就看出来了。做得好的，我们可以学习。还有我们会派出一些销售员来展会锻炼，看得人多了，自然就上手了，不怕了。像你刚刚看到的那个小伙子，他之前很少说话，我就让他来展会锻炼一下。"

（DEFFMS3-30）

"因为我是负责市场部的,我过来肯定不会在现场给大家介绍产品,但是我会逛展,我会看别人是怎么去宣传的,是怎么去做品牌的,是怎么做产品介绍的,可能明年你看到我们的展位可能连搭建的设计都不一样了。"

(CEFFCS1-106)

4.3 展览会知识扩散机制之行动者

知识扩散的行动者是指参与知识扩散过程的主体,既可以是组织也可以是个人。本研究中,行动者分为企业与企业员工两个层次。本节将对行动者的类别与特点进行分析。展览会中行动者的交互是由企业与企业、企业与个人、个人与个人形成的交互网络,将在本章第4.5节详细阐述。

4.3.1 行动者的类别

展览会中有什么类型的行动者?基于临时产业集群视角,本研究将行动者置于产业链中进行梳理,考虑行动者在产业链中的位置及其相互关系。在企业层面,展览会实现了某一产业链各个环节知识库的集聚。按企业类型划分,分供应商、生产厂家、代理商、经销商、各类零售商或工程商,分别处于产品生产的原料、设备、生产、销售环节,在展览会中进行多种方式的交互,互相了解与学习。根据访谈,本研究对案例展会中的产业链进行初步梳理(表4.2)。在五个案例中,参展企业主要是制造厂商,而代理商、经销商、直营店等设备使用与设备转售的企业则一般作为专业观众参展。其中,木工机械展由于与家具展同期进行,部分家具制造厂商为家具展参展商,但也是设备的使用者,其在木工机械展中以专业观众身份观展。

表4.2 案例展会产业链梳理

案例展览会	产业链	主要参展商
安博会	元器件厂商—设备制造厂商—代理商、经销商、集成商—终端客户	设备制造厂商
汽车改装展	元器件厂商、原材料厂商—设备制造厂商—代理商、经销商—直营店、4S店—终端客户	设备制造厂商
灯光音响展	元器件厂商、原材料厂商—设备制造厂商—代理商、经销商—工程商—娱乐场所—终端客户	设备制造厂商
木工机械展	配件厂商—设备制造厂商、辅料厂商—家具制造厂商、经销商、代理商—终端客户	设备制造厂商、辅料厂商
定制家居展	零件配件厂商、原材料厂商、软件服务厂商—生产设备制造厂商—整装定制厂商—代理商、经销商—工程商—终端客户	零件配件、原材料、生产设备、整装定制厂商

通过对产业链的梳理，我们会发现在分析行动者关系时，仅将行动者按参展商与专业观众划分是不合理的。首先，企业类型与参展身份有重叠，受参展目的或展位安排等外部因素影响，部分厂商也会以专业观众身份参展，这一部分专业观众的知识活动行为与其他专业观众是存在差异的。其次，企业参展的身份会因其需求发生转化，在展位上推广新产品是参展商的身份，但在参观其他展位的时候，其行为模式是专业观众，知识活动的目的与效果均存在差异。

"我不是参展商，我只是过来转转的。(问：是采购的吗？)不是，我们是做机械的，要做创新。前期工作没有做好，这次没有展台了。"

(MVMFBM4-54)

"80%以上都是老板亲自过来的，20%是技术人员和主管，基本上都是这样。基本上，楼上参展的95%都会下来看的。就算没有需要，也会过来看一下现在新的设备,在其他家具厂会用什么设备,自己用什么设备,可以比较一下。"

（MEMFSS2-52）

因此,本书根据企业在产业链中的位置分析展览会中行动者的关系,分为横向关系与纵向关系两类。处于产业链同一环节,生产同类产品的企业之间的关系为横向关系;处于产业链同一环节生产不同类产品的企业之间,与处于产业链不同环节的企业之间关系为纵向关系。一般而言,"参展商—专业观众"与"横向关系—纵向关系"存在交叉与重叠。根据访谈资料,在考虑受访者时更多地要考虑行动者在产业链之上的横、纵向关系。

"展会很难得的是,能够把经销商、供应商、竞争对手都集中在一起,然后大家一起来学习。"

（MEMFMS-46）

"无论是同行,跨行业,还是你的客户也好,三方都会在一个时间点、在一个地方出现,信息量是非常大的。"

（CEFFCS1-106）

"渗透就是,原先有很多界限很分明的东西,现在变得不怎么分明了。你想互联网这个行业,它渗透的行业比较宽,比如物流、技术、消防、医疗救护、智能农业、水利监测,还有新能源的一些发展,比如太阳能。互联网涉及的行业还是很多的,还会涉及视频、焊切等行业。该展会为这个行业各个企业的互相了解、互相学习、共同发展提供了一个很好的机会。"

（AEMFMS4-08）

"参展主要是四面八方的人都会过来,我们是做自动化的,在这里肯定会有很多供应商对我们感兴趣,我们只是做配件的,我们做变频器和次服的,给他们做方案,提供重要的软件方案。"

（MVMDMS1-48）

在个人层面,展览会中的行动者是指代表企业参展的员工。按岗位类型,行动者主要包括研发人员、生产人员、销售人员、技术人员、管理人员、采购人员。企业根据其参展身份与参展目的派出不同人员。一般而言,参展商基于新产品推广与建立客户关系等销售目的,会派出销售人员负责展会中的产品推广,技术人员负责产品技术介绍,管理人员进行参展人员管理;基于了解市场动态的需求,参展商可能会派出研发与市场人员承担市场调研任务。而专业观众根据其采购商品及了解行业趋势等目的,会相应派出采购与市场部员工,具体情况由企业需求而定。按职务类型,行动者可分为企业所有人、总经理、总监、部门经理、员工等多个层级,不同层级行动者负责相应的任务,例如企业所有人在展览会中负责判断市场发展的大趋势,而各部门经理则负责对其所在领域进行具体了解,形成资料信息,协助企业决策。因此,个人层面的行动者有具体的职责与业务分工,需在展览会中获取不同方面的知识,最终汇聚成企业获取的知识整体。

"（问:请问你们公司派了多少名员工过来参展呢?）3个,有销售、研发及采购部门的员工。采购是来找原配件的,每个人的任务不同。我是老板,我来这里主要是社交的,什么都做,但又什么都不做。新产品其他两个人会去看,这是他们的工作职责。我比较严格,我要把展会上收集到的所有资料都汇总成报告,比如今年的新产品有哪些,他们做销售,就要做marketing的分析,清楚哪些产品可以推,市场竞争如何。"

（AVMDBM4-02）

"现场有60个人,只是现场的营销,还有讲解接待。另外的是工厂直接过来,不参与我们的活动,他们作为观众来参观,研发还有采购这些团队人员应该也有十几个……比如说,我们的研发人员,我们的产品有哪些细节需要做提升或者是创新,他可能通过一些别的展位设计,还有一些不同品类的展示,能得到启发,来赋能我们平时的创新工作。"

(CEMFGM4-107)

4.3.2 行动者的特点

1)知识库特性

展览会是企业接触远距离知识库(knowledge pools)从而建立新市场关系与渠道的重要渠道,这已经得到展览会知识研究中的共识(Rychen et al., 2008;Maskell et al., 2004;Bathelt et al., 2008;Bathelt et al., 2004;Bathelt et al.,2010)。激烈的竞争与生存压力迫使企业探寻有利于自身发展的外部知识库(Scott,1999)。知识库是想法(ideas)与人的集合,融合大量研究活动的成果,并将知识转化为解决问题与应对变化的强有力公共资源(Cozzens,1997)。展览会等专业人士的集聚,在有限时间与特定空间下形成了一个行业在地理空间上的微缩(Rosson et al., 1995)。知识库中人与想法互相作用,通过不定向的途径与不均匀的间隔,产生新的发现,创造新的知识(Cozzens,1997)。多个公司的代表与行业实践者作为企业的代表,带着企业的知识与想法,在与展览会其他组成部分的交互中产生溢出,可视为多个知识库由于地理邻近而产生交流。因此,本书将展览会中的行动者视为企业知识库的代表,在知识扩散中起重要作用,不同水平的知识库在展览会中发生交互,知识发生转移。受访者AEMFMS2-11在访谈中专门提到这一点。

"(问：那你们是怎么去了解同行的情况呢?)主要就是通过互相沟通，因为每个产品和每个厂商都不一样，包括市场状况，我们可以在行业中有选择性地去了解一些东西。集成商、工程商和制造商我们都会去沟通，大家的知识积累都很丰富。"

（AEMFMS2-11）

2)专业化特性

展览会中行动者是专业化的，主要体现在行动者知识背景相近，具备某一领域的业务专长。

展览会是专业集聚的一种，与研讨会、论坛等会议相似，其行动者大部分来自同一领域，具有相同或相似的专业背景。对于展览会的题材来说，行动者是专业化的。行动者的专业化形成了认知邻近。认知邻近是知识传递双方互相理解沟通的必要条件，而共同的技术语言是认知邻近所必需的(Huber, 2012)。在技术扩散过程中，存在一个双方的知识差距限值，超过限值则知识无法扩散(Boschma, 2005)。认知邻近对知识扩散的速度、获取信息的效率，甚至认知的范围都有重要影响(Nooteboom, 2000)。知识源与知识受体之间的知识基础距离越大，知识越不容易转移；反之，二者的知识水平越接近，则越容易转移(万幼青 等,2007)。展览会中行动者之间的认知邻近，对知识的获取与高效扩散起重要作用。行动者的专业化为展览会的知识扩散带来两个重要影响。

其一，行动者对作为知识载体的新产品敏感度高，可以通过专有的编码从产品中识别与吸收新的知识。在此过程中，行动者掌握专有编码的必要条件在于专业背景与行业经验。在对行业现状了解的基础上，他们可以迅速凭经验或直觉对产品与技术进行判断，从而获得新的知识。基于知识扩散的发送与吸收双机制，行动者的专业化是新产品作为知识载体的重要条件。以下访谈提及了相关观点。

"(问：如何判断哪些技术比较稳定呢？)因为我们都在用，都知道市面上哪些技术都在用，是比较稳定的。我们就比较放心，其他一些个性化的东西是没有办法去评估的，就只能详细地向参展商询问，然后再进行评估，看看是否可行、是否有卖点、客户是否可以接受、是否实用。因为展会上的东西，十有八九是没有在卖的，所以要自己去评估一下，这个技术可不可行。"

(AVMFSR2-01)

"在展会上主要是对产品进行了解和展示的作用，有的厂家很怕把专利展出就被别人给仿了，因为行家一过来就可以知道了。"

(MVMFMS4-50)

"(问：刚刚有一个观众说，展会上是最新的技术，一般不会立刻下单，要做测试……)那他说的应该是最新的产品，只有样品，没有量产。我们也会买样品去做测试。但是，我们一看就知道有没有量产，看晶片。简单地说，就像手机，双核的是不是很早就有了，晶片也是一样。如果突然出个八核的，那就是最新的，那就没有量产了。(问：对行业有一定的了解就能辨别出来吗？)对。"

(AVMDBM4-02)

"展会的优势是效率高，很集中啊。同时，你展示你的存在，客户都是相关行业的人，你在这个行业短时间内可以批量收集很多信息。"

(MEMFGM4-70)

"(问：你们会去看其他企业的情况吗？)当然会啊，客户会去了解一下产品功能和一些潜在的东西，那我们也会站在专业的角度去了解行业的通用解决方案。"

(AEMFMT3-07)

"客户过来主要是看看有没有样本，我们专门的检测设备都已经带过来了，现场做检测。因为客户如果专业的话，他看展示的检测效果，基本就能了解这个展品的质量，这样就能对产品的优劣性和差异性进行评判。因为展会的针对性很强，进来的客户也比较专业，看产品的参数吧。反正是相关联的都会来看一下，相关的企业或个人，如果和你不相关的，肯定不会过来，肯定是和我有关联的，看看是不是有新的东西，或者是我现在做的在这一款产品上会不会有，他们会不会也有这一款，或者价格会不会更优惠。"

（QEFFSS1-15）

"其实嘛，在网络上没那么直接，在展会上会比较直接，网络上面不一定会有人去看，但是在展会上，这个行业的，还是会有比较多人去看的，比较专业一点。"

（QEMFBM4-19）

其二，行动者之间的交流更高效。由于行动者的专业化，行业术语、术语缩写、知识面都不会成为沟通的阻碍，沟通是高效的。同时，信息具有多义性，知识表达过程中多义性受行动者之间的心智模式影响，因此，行动者共享相近的认知框架与技术专长可有效降低知识意义的模糊与多义（Albino et al., 1998）。高效与准确沟通，使得知识库的知识在发生外溢时，知识接受方不会因为知识基础差异而不能理解与吸收，新知识的扩散效率得以提高。

"你如果是一个外行，可能看上去你会觉得很多品牌的产品好像一样，但事实上如果你懂，你就会发现细节是不一样的。"

（CEMFGM4-103）

行动者的专业化还体现了业务领域的细分，企业根据任务的需求安排相关部门的人员，考虑人员对某一领域的熟悉度。例如，安排研发人员在展览会中了解竞争对手产品,因为研发人员对产品的技术应用更敏感,可以通过产品外形及运作识别新技术的应用;同时也会安排市场部人员了解市场发展趋势,因为市场方向研究与产品策略制定是其日常职责,他们对此更熟悉。面对同样的产品,不同领域的行动者从不同的专业角度进行考量,最终通过交流与整合,形成对产品与市场趋势的全面评价,并将新知识输入企业知识库。知识的获取效率得以提升。

"(问:您刚刚提到会派一些团队去看看,主要是哪些部门的同事呢?)主要是市场部和技术部的。这两个部门主要负责产品方面的东西,包括整个市场方向的研究、制定公司的产品策略。技术的话,主要是产品的安装和调整。市场部制定销售策略、开发策略啊。"

(AEMFSS1-12)

"(问:先生这次是自己过来吗?)不是,带了1名技术员。也不是我不懂技术,只是说他懂得比我更多。"

(MVMFBM3-72)

"主要是业务部门(参展),然后其他同事会去做调研,了解一下市场,了解一下竞争对手的情况。(问:业务部门主要是推广公司的产品吗?)对。调研的主要是研发的人员,还有一些结构项目组的。他们会到处走走。因为涉及很多外观啊、技术啊,各个方面。"

(AEFFMS2-10)

"(问:这次贵公司有多少人来参展呢?)3个人。(问:他们的职责分别是什么?)销售和总经理。(问:会有不同的任务分工吗?)配合不同嘛。过来的目的是找新产品,对市场形成进行了解。销售产品看的是产品适不适合在市场上销售啊,销售量大概会怎样。总经理主要负责了解整个环境,如何达到销售量,所有的新品都是他的考察范围,选择精品。我是采购部的,是管进产品的,销售经理是管卖产品的。我们看东西的角度肯定会不一样,我们看了后会和销售经理沟通,看看这个产品能不能卖出去,我们采购部主要是考察这个产品有没有竞争力,然后和销售经理商量,这个产品能不能销售,有没有销售量。"

（QVMDMS3-22）

"一般来说,像我们公司的人拿个展位,我们会有好多人来的,十来个人就站在那里。一般有两个接待,两个文员。还有技术和业务人员,技术人员是专门给顾客讲解产品的,业务人员的话区域经理比较多。一般先问你从哪里来的,如果你说从深圳来的,他会让深圳的区域经理过来,然后想方设法地让你买。如果是业务人员,他会销售产品以及对顾客进行跟进,展后会联系你。在展会上肯定有很多不懂的地方,那么我会问技术人员,这个产品运用了什么技术,是怎么工作的。他会给我们演示,演示完了,业务员会和我们谈。"

（AVMFSR2-01）

4.4 展览会知识扩散机制之环境

4.4.1 展览会的贸易活动属性

本质上,展览会是一种贸易活动的集合。参展商与专业观众基于特定的贸易需求,在同一时间,集聚于同一空间。尽管既有研究表明,展览会的功能越来越多样化,销售导向逐步被淡化（Borghini et al., 2006）,但作为企业与全国,甚至全球客户面对面交流的难得机会,展览会在企业销售活动中占据着重要地位（Power et al., 2008）。从本质上讲,产业链因商业贸易活动而临时聚集。

对于参展商而言,展览会优势在于大量客源的聚集,通过推广企业最新的产品与品牌形象的塑造,开拓新的客户市场。当参展商被问及参加展览会的目的,超过67.5%^①的受访者的回应为新产品的推广,62.5%的受访者回应为企业形象的推广,55%的受访者回应为观察市场行情。对于专业观众而言,展览会的优势在于大量供应商及新产品的汇聚,通过展览会可以满足其搜索产品的需求。当专业观众被问及参展的目的,超过82.9%的受访者回应为寻找新产品、寻找新的供应商,65.7%的受访者回应为观察市场行情。而观察市场行情与收集行业信息的目的,出于辅助未来做出更准确与具有前瞻性的决策,也出于商贸目的。另外,参展商与专业观众也有其他目的,在此不作统计。

必须承认的是,展览会中的知识扩散是展览会经济活动的溢出。大量人与物在空间上的集中,使得展览会成为了特殊的知识空间,知识伴随着经济活动得以扩散。

4.4.2　展览会的知识社区特性

基于临时产业集群视角,专业性展览会是全国甚至全球某一特定产业的微缩,实现了知识全球化向本地化的临时转化。来自全国甚至全球各地的知识载体与知识库集聚,在一定空间内形成短期高强度的知识社区,知识得以在展览会中快速扩散。

Bathelt等(2008)研究指出,具备相同行业知识背景的行动者在有限时间内的临时集聚,使得专业性展览会结成了知识社区(epistemic communities)。基于展览会中行动者专业化特点,本研究印证了这一观点。知识的理解需要对知识的表达以及对编码的有效利用(包括语言、词汇、标志等),至少需要对知识所指或其框架有直观地理解。知识社区则由具有知识表达以及知识创造所必需的共同语言与认知框架的企业组成,这使得知识转移及交流成为可能(Håkanson,2005)。也基于共同语言与认知背景,知识更容易在知识社区成员中扩散。专

---

① 开放式提问,非单项选择,故百分比总和大于100%。数据已除去预调研的20个访谈。

业性展览会，集聚了同一行业上下游的企业。同行业知识库的汇聚使得展览会中的交流基于共同语言与认知背景，具备知识社区的基本特征。

在知识社区中，行动者—行动者、行动者—知识载体、知识载体—知识载体之间产生交互作用，形成泛目的"蜂鸣"场域。Maskell 等（2004）从"本地蜂鸣"（local buzz）的概念中引申出"全球蜂鸣"（global buzz）的概念，用以描述展览会中的互动环境。Schuldt 等（2011）指出，全球蜂鸣并不是一种特定的沟通方式，而是一种包含了信息本身以及信息沟通的生态系统。本研究将通过行动者与知识载体在展览会中的三种交互作用，即展览会中的知识扩散途径进行详细分析。

4.4.3　以"新"为导向的知识社区

与一般知识社区不同，展览会关注新产品、新市场、新客户，并为其营造了浓厚的新知识搜寻与创新氛围。

首先，展览会中的产品具有"新"与"前沿"的特点。现有展览会相关研究表明，展览会所代表的"新"元素，包括新产品推广与识别新的市场潮流等，是吸引参展商与专业观众参加展览会的主要原因之一，且占据重要地位（Wu et al., 2008）。在展览会有限的时间内，基于推广新产品的目的，参展商往往花大成本重点推广其最新与最优的产品。专业性展览会将全国乃至全球该行业的新产品聚集在有限空间内集中展示，成为行业最新产品的临时汇集地。具有行业口碑与影响力的展览会，展品范围可以覆盖产业链的上、中、下游企业。因而，通过新产品的集聚，展览会达到了行业缩景的效果，实现了行业新知识的集聚。

"我们到展会主要是看新的产品，因为未来的发展中创新占很大一块。前几年，灯光主要是摇头灯，比较笨重，光束强，比较亮。以前起码是1 200瓦,现在是200瓦,是光束灯了。新产品效果更好,而且价位低。我们还是关注新产品多一点。平时也会去培训机构学习一些基本的东西,但是在展览会上主要还是要看新的东西。现在的大屏幕,分辨率越来越高了,都跟电视机差不多了。有时候没有需求,也会去逛一下展会,主要还是想看新的产品,这个行业更新换代挺快的。"

(DVMBMT2-28)

"一般都是我们最新和最好的产品,因为展览会的时间是比较短的,所以我们都是重点推广先进的、最好的设备,一般那些比较常规、手动和旧款的设备,我们都不会去推广了。"

(MEMFSS2-52)

"来这个展览会有一个很重要的目的,就是了解一些最新的东西,看看行业里面怎么能够更好地去应用这些新的东西。"

(AEMFMS2-11)

"展览会上的东西,因为十有八九是没有在卖的,所以要自己去评估一下,这个技术可不可行。这样只是表明这个产品可以做,但不一定可以用。好多都是这样的。你向他买产品,他会说这个还没有开始卖。旧产品如果比较经典,会拿1～2个,但大部分都是新的。来展示它的实力,他不敢贸贸然卖的。"

(AVMFSR2-01)

"每一年展览会上其实来看展的人不是看旧东西,而是来看新东西,所以展览会是年年新。展览会引领了整个行业近一两年的风向。"

(CEFFCS1-106)

其次,基于行动者寻找新客户(或供应商)与新市场的目的,接触未曾接触过的知识库,建立新知识管道,获取新的知识。据受访者表示,展览会中新客户(或新供应商)的数量远远超过已有合作企业的数量。市场开拓与推广是展览会的重要功能。大量新客户(或新供应商)的聚集,使得展览会成为行动者获取新市场知识的重要平台。在访谈中,受访者对展览会作出如下评价。

　　　"(问:平时你们会向集成商或工程商推广你们的产品吗?)会啊,平时会简单一点,主要是带着产品直接去找客户,也会召开一些发布会。(问:发布会和展览会有什么区别?)对象不一样,发布会我们邀请的是一些已有的客户,时间会比较充裕,我们可以进行深入的交流,展览会是寻找新客户比较多。发布会里面的客户会少很多,都是老客户或者很熟的,而展会里面的新客户会比较多。"

(AEMFMT3-07)

4.5　展览会知识扩散组成之交互

　　在行动者学习过程中,各种元素之间的交互关系促进了知识沿产业链进行横向与纵向扩散。以下本研究将分析横向与纵向知识扩散中,各组成部分之间的交互关系。

4.5.1　纵向知识扩散方式

　　知识在展览会中的纵向扩散,是指知识在产业链上下游行动者之间转移。此时,知识扩散基于贸易或合作目的,形成互补性知识扩散。本书以供应商与客户泛指具有上下游关系的行动者,供应商主要指产品生产企业。为满足行动者贸易或合作需求,行动者搜寻知识,知识在互补性知识库间转移,例如存在买卖关系的行动者在展览会中经过交流,对于产品供给方可增进对市场需求的理解,对于产品购买方对市场供给水平有更好的把握。在日常商贸过程中,知识的纵向扩散相较于横向扩散薄弱,体现于产品生产商与客户之间的非直接接触或高接触时间与交易成本,代理商与经销商等中间商进行信息过滤。据受访者反映,展览会在知识纵向扩散中起重要的开拓作用。

"展览会里面发布的新技术,其实我们行内人很早就知道了。我们有很多渠道知道啊,其实同行之间不是非常抵触的,我们见面会聊天,信息可以口口相传啊,我告诉你,你告诉他,虽然我和他不认识,但是信息还是传到他那里了啊。再有一个渠道就是发布一些新闻,在他们卖产品的时候,经销商也可以知道这个情况。展示,只是一个展示,show。(问:那既然大家都知道了,为什么要花大成本在展览会上去推新技术呢?)因为让大家知道啊,更多的社会公众,更多行业内的人士,你要让渠道与终端客户去买你的产品啊。参加这个展会,你刚刚有问到的4S店、美容店啊,他们算是渠道用户,但终端使用者相对较少。终端客户会知道一些,行业其他企业也会知道。(问:比如说,有个产业链,是你们横向的、处于同一个产业链环节的,大家会很快知道,因为都是做同一种产品的,但是展览会里面得让上下游更多企业知道,纵向的?)对,覆盖面更宽,展览会本来就是扩大宣传嘛。"

(QEMFCS3-14)

纵向知识扩散发生于"供应商—客户"类型的上下游贸易关系的行动者之间。知识扩散以互动式学习与观察式学习并重的方式进行。在展览会形成的"新"导向知识社区中,行动者与行动者以及行动者与知识载体之间的交互,形成显见隐性知识沿产业链纵向扩散的交互机制。

1)互动式学习

互动式学习是一种行动者与行动者交互的学习模式。在永久产业集群中,互动式学习（learning by interaction）发生于上下游纵向关系的企业、企业与客户、企业与研究机构的长期知识与信息交换（Dangelico et al.，2010）。地理邻近使得具有相同行业背景、技术专长与经验的行动者长期在有限的地理空间内活动，互动频繁（Bathelt et al.，2004），隐性知识通过行动者间的直接互动得以快速扩散。

展览会中行动者间的互动式学习已经开始受到学界的关注，面对面交流这一临时产业集群所创造的优势已经得到了解释（Bathelt et al.，2010；Schuldt et al.，2011）。一方面，面对面交流降低了信息的误解率，使复杂知识的传播成为可能（Storper et al.，2002）；另一方面，行动者可通过面对面交流评估对方的可信度（Schuldt et al.，2011）。展览会为行动者之间建立临时关系创造了一个短期的周期性的空间，大量行业内人士与企业的临时集聚，使得行动者在短期内建立大量临时关系。上下游企业之间的会面，形成了合作伙伴导向的知识创造氛围，促进企业之间的共同学习，整合多个企业的力量更好地把握市场机会（Ling-Yee，2006）。

根据互动的内容，展览会中的互动式学习可分为以下三类。

(1)基于市场需求的互动式学习

市场需求的互动是展览会中行动者最为重视与认同的展览会知识扩散行为。展览会在短时间内聚集了大量进行商贸活动的业内人士，大量目标明确的潜在客户与供应商基于新产品进行交流与讨论。对于生产厂商而言，市场需求是其产品创新与技术改进的动力与依据，这也是展览会纵向知识交换频繁的前提。

　　"创新是来自市场需求的，各种凭空的创新是无益的，需要来自需求的创新。"

（AVMDBM4-04）

"有需求才会去生产产品,然后才会用芯片这些元器件,才会有摄像机。"

(AEMFST1-09)

"(问:您会通过什么方式去了解一些新的技术呢?)就是通过市场啊,通过客户那边啊。(问:技术也是根据市场吗?)是啊,技术是根据市场的需求,然后进行开发的。因为技术始终都是要面对市场的,所以还是要根据市场趋势去走。"

(AEFFMS2-10)

"(问:一般新的技术主要在哪个环节产生呢?)主要是厂家啊,其实最初是由客户提出需求,想得到什么样的效果,我们针对他们的需求做一些开发。最主要的还是,有需求才会有市场。(问:我之前有访谈了解到,展览会是了解行业最新动态的一个很好的途径。)对的。最主要就是达到这样的一个目的。通过客户的要求,进行改进。不是根据其他的,看市场,如果做出来,市场不合适,花几百万进去,有什么用啊!多浪费钱,浪费人力。根据客户的需求,再去做。没市场的东西是卖不掉的。"

(MEMFMT4-33)

作为知识库,客户企业或个人蕴含着丰富的市场需求认知,是现有市场战略知识的重要源头。客户往往代表了所在地的需求信息,参加展览会实现远距离知识库的短期空间移动,将供应商与当地市场连接起来,扮演"桥"的角色。集聚于展览会的客户中有老客户,同时更多的是素未谋面的新客户。与更多新客户建立临时关系,供应商可通过客户的关注点,判断市场的新需求,增进供应商对市场战略知识的掌握。

"我们是来自一线的,客户的需求是来自我们的,是客户提出的要求,然后我们就和参展商面对面地交流,带着问题来。然后展览会上解决不了的问题,就用电子邮件、电话联系。"

（AVMDBM4-04）

"最重要的信息源于客户,客户的需求,他们需要做什么,未来他们的板材会用什么材料,他们比我们要了解得多,那么他们会反过来和我们说,那是很重要的。例如,他们贴膜贴什么材料,用什么工艺,他们来看一下,如果觉得机器达不到,那么就会提出要求,我们就会根据他们的要求去做。"

（MEMFMR2-59）

对于客户而言,在展览会中与供应商的面对面交流,主要在于其需求的表达,以获得更加适合的产品。基于市场需求或实际使用需求,客户提出功能的改进或提升要求。供应商根据现有的研发能力与客户要求难易程度,进行评估后,向客户提出相关方案。

"(问:是如何创新呢,有专门的研发人员吗?)不是,这是(基于)互动的。比如,我们有这样的需求,然后会去找厂家,他们会帮我们实现。(问:可以说,我们客户需要什么功能,你们能不能帮我们加上?)对,然后他们会帮我们加上。"

（AVMDBM4-04）

"常常会有一些客户要求做细部修改。最简单的就是颜色不喜欢,要换颜色。例如,有些里面的镜头档次太低,要换好一点的。"

（AVMDBM4-02）

(2)基于解决问题的互动式学习

曾有专业观众受访者对参观展览会中的同行与上下游企业的目的进行区

分,认为参观同行在于获得市场战略知识,参观上下游企业在于解决企业所遇到的问题。

> "我每年来两次,一次建材展,一次木工机械展。7月份的建材展,我主要是来看产品的,看产品的趋势。这次木工机械展,是解决工厂生产的问题,包括解决劳动力,还有方方面面的问题。"
>
> （MVMFBM4-53）

一方面,客户通过在展览会中与供应商的交流,讨论技术与企业经营过程中遇到的问题。客户根据自身的发展计划,识别计划实现与现有水平之间的差距,形成具体的问题,并在展览会中与供应商就问题与难题进行交流。参展商会根据其专业领域,为顾客提供解决方案或建议。

> "在展览会上聊到很多东西也不可能,但你可以知道他有什么想法,然后针对这些想法,我们回去后再拜访客户,木工机械不是打两个电话就可以的,客户联系很重要。(问:那你们在展会上会聊些什么呢?我去年也来过9月份的家具展,他们说就聊一下价格,没有什么东西好谈的。)价格是一方面,有些是过来看看,有些是带着问题来的,寻求解决他们现在工厂里面遇到的问题的方法。一般客户会碰到一些瓶颈,有些地方很顺畅,但有些地方会卡住,影响生产效率,他们就会针对那一块想一些解决办法,比如更换一些设备。还有一方面是质量,很多东西总是价格卖得低,因为质量不好,他们希望能够更换更好的设备去提升产品的竞争力。就像你做家具,可能你弄个英文或者质量上更好一点,就可以卖得更贵,其实大家的材料成本都是差不多的。"
>
> （MEMDMS3-71）

"（问：会交流技术方面的吗？）当然会的，今天上午我们到大屏那边，一直在讨论使用这一块，怎么更高效、更实用一点。因为我们用的就是他们的产品，其他的话我们会看新的技术，也会问问价格，看看效果是否合适。技术这块在现场使用中有很多问题，看到同行都会讨论。厂家的工程师或技术总监，他们会到现场来，我们也喜欢厂家多派一点技术人员过来，如果全部是销售人员的话，他们不太懂这一块，懂那么一点，深入不了。所以，必须是技术人员，技术很重要。"

（DVMBMT2-28）

另一方面，也有专业观众在展馆内进行技术销售，通过与参展商的互动，以及对产品效果的观察，发现新产品的缺陷与不足，为参展商提供解决问题的方案。这一类型互动主要由参展企业的供应商或合作企业进行。

"在展览会上，就是看看他们有什么不足，然后我们给他们推荐新的方案。比如，今天我们问他们裁板锯能做到什么精度，他们说10个丝以内，对于我们来说，这个误差太大了，我们最少做到5个丝，一般在2~3个丝。1个丝是1毫米的百分之一。其实，机械做得好不好就看精确度，误差太大就变形了。误差大，就是技术不够，达不到要求。他们做10个丝，我们能做到2个丝，成本是差不多的，我们的技术和产品能达到他们的要求，完全可以提升他们的技术，给他们提出建议。"

（MVMDMS1-48）

(3)基于市场趋势探讨的互动式学习

除了针对产品的交流互动，供应商与客户也会对市场的宏观发展进行探讨，并基于个人理解进行相关的互动。这种讨论往往在比较轻松的环境下进行。对于在展览会中广泛建立客户关系与推广新产品的供应商而言,这一互动是伴随交易活动的知识转移行为。

> "(问:那你们跟客户开会一般会聊什么呢?)会聊很多,生意上的,包括其他私人的,天南地北的都会聊啊。家里状况、公司经营啊,包括市场信息,都会聊。"
>
> (AVMDBM4-02)

市场趋势与发展计划等宏观问题的讨论主要发生在供应商与老客户的交流之中。受展览会的时间限制,新客户更多关注产品本身,给供应商提供具体明确的需求信息;而鉴于与老客户的日常交流与资讯互通频繁,展览会上的交流并没有承担具体信息沟通的任务,而是因为建立了深厚的关系,对比较宏观的问题进行探讨。

> "新客户一般会了解一下公司的基本情况,而老客户更多的是聊一下我们的近况、未来有什么发展计划啊,或者来参观一下我们公司。"
>
> (AEMFMT3-07)
>
> "因为他们都来得比较匆忙,能够坐下来沟通的比较少,所以熟的客户才会讨论一下这个话题。很多客户都是看了一下展位,然后就走了。"
>
> (QEMFMS3-20)

2)观察式学习

观察式学习,是一种行动者与知识载体以及行动者之间交互的模式。展览会中的观察式学习以行动者与知识载体交互为主,以行动者之间交互为辅。

在行动者与知识载体交互方面，客户通过观察新产品获取最新的行业市场信息与技术动态。观察的重点在于新产品的效果与功能。展览会中参展的供应商往往通过多种手段展示最新的产品，包括多媒体、人员讲解、活动等，而其中最重要的是现场运行产品并试机。现场运行产品是对产品效果与性能的最直接展示。动态展示产品而非静态摆放，是展览会区别于其他渠道的重要特征。其一，体现在了解深度层面，结合自身的行业经验与专业背景，客户通过对最新产品动态运作进行观察，可较为深入地了解新技术与新产品，从而形成准确的判断。据笔者观察，展览会中具有影响力的新产品会引起大量客户的驻足，客户将花费较长时间对产品进行观察，检验产品的效果与质量。据受访者反映，展览会中对一个新产品的了解能达到70%～80%，是其他渠道难以比拟的。其二，观察持中立态度，不受外界因素影响，部分受访者会认为供应商销售人员的交流是销售导向的，只有看产品的实际运作效果，才能作出最客观的判断。

"展览会上，能够了解到80%左右。展览会上会有现场展示、现场试验。我们有足够的时间了解，到展会现场看机器的实际操作，最终出来的成品质量，需要多长的时间做出来，就可以对设备与人工进行比较，比如精度等各个方面。现在基本朝自动化走，不然成本降不下来，必须走这一条路。"

（MVMFGT4-58）

"质量的话，你可以从外观上看产品的模具，看看模具的材料好不好，安全性怎样。"

（AEMFMT3-06）

"（问：怎么了解一些新的技术？）去看啊，感觉很新奇。因为你是做这一行的，你了解哪些是难点，以前没碰到这些问题，不知道怎么解决，现在有人做的话，我们就会去看看。"

（MVMFMS2-61）

"我们会全部看一遍的,看看哪种封边机比较合适,主要是看出来的效果怎么样,还有测度和操作是否方便。现场的机器都是安装好的,我们可以看到它是怎么运作的,这些都是一点就通的,因为我们都是做这一行的,一看就能理解了,大概都能知道机器是怎么操作的,都是要试用过才知道。"

（MVMFBM4-68）

"主要是过来看看那些器材的形成、灯光啊,有什么效果。不过都差不多,没有什么进步。这两三年都差不多,没什么创新,3D啊,也没有更加立体,更加动态。里面展示的,基本上了解清楚,就会知道有什么新的,展会要直观一些,我们都做了十几二十年了。"

（DVMBBM4-26）

"其实我和参展商聊得不是很多,他们说的话不可以尽信的,谁都想把自己的产品卖出去,难免会有偏向了。所以一般以看为主,直接看实物,我大概就能做出基本的判断了。"

（DVMBMR4-25）

在行动者与行动者间交互方面,主要体现为供应商与客户之间的互相观察。客户通过展位参观人数判断市场热点,曾有受访者表示,市场热点往往最多人参观。另外,供应商也可根据客流量、客户对产品的感兴趣程度等现场反馈,了解产品的市场反应。由此可见,展览会中行动者的互相观察主要传播市场战略知识。

"看看每年有哪些热点,哪些产品看的人比较多就知道了。我们每年都来,都能了解一些,都参加四五年了。"

（MVMFMS2-61）

4.5.2　横向知识扩散方式

知识在展览会中的横向扩散，是指知识在生产同类或相似产品的行动者之间转移。此时，知识的扩散发生于产品类型相近的知识库之间，基于知识水平的势能之差，知识从高水平知识库向低水平知识库扩散。低水平知识库在展览会中开拓知识视野，消除知识盲区，获取展览会前接触不到的行业知识，实现知识库水平的提升。

> "国内的话，如果是一些小公司，很多都是随大流的，而大公司则会效仿国外的产品，他们会去德国、意大利等，会去copy别人的设计理念，然后回来再让研发团队去做改进，说实话，中国人的模仿力很强。"
>
> （MEMDMS3-71）
>
> "（问：去参加展会的时候，会去看看行业龙头吗？）对！必须要去看，你去看了才会发现，哦，原来还有这么一个产品，产品还可以这样去设计，原来在这个方面，我们还可以去研发一个这样的产品。因为要满足人的需求，现在人的个性化需求越来越多，在我们小的时候，有馒头和肉吃就可以了，但是现在的人不是这样了，又想吃肯德基、麦当劳、寿司、泰国菜，因为人的口味不一样。不知道你们有没学过社会心理学中的马斯洛需求层次论，即当人满足了这个需求以后，就会自然而然地向更高的需求迸发，任何事情都不是平白无故产生的，有些东西你可以通过调研，也可以通过资料分析，不过要先去学怎么归纳分析。"
>
> （QEMFCS3-14）

受行动者间利益关系的影响，展览会中横向知识扩散与纵向知识扩散呈现不同的交互方式。展览会中的横向知识扩散以横向比较与调研式学习为主，以互动式学习为辅，呈现知识单向扩散的特点。在展览会形成的知识社区中，行动者基于其专业知识与认知邻近,通过与知识载体交互,实现显见隐性知识的横向扩散。

1)横向比较学习

比较学习,是指展览会中的行动者对展览会中的知识载体进行横纵向比较,以获得行业的最新知识,强调行动者与知识载体之间的交互作用。而这一知识扩散方式的基础在于,知识载体在特定空间内集聚所形成的"共同存在"(co-presence),为行动者与竞争者的产品及战略比较提供了很好的机会,促使行动者可以立刻作出比较(Ramirez-Pasillas, 2010),从而识别市场发展趋势与未来走向等重要知识(Maskell et al., 2004),成为决策的依据。已有文献开始关注展览会因产品与企业"共同存在"所形成的优势(Maskell et al., 2004)。

展览会中的横向比较学习,是指通过行动者与其他处于产业链同一环节的企业对比,获得对行业现状的新认识,判断产品改进方向,从而实现行业最新知识的获取,以及行动者之间知识的转移。在展览会中,行动者有意识地进行同类产品的对比。具备丰富的行业经验或受过参展的销售培训,行动者对自身的产品是非常了解的。通过与展览会中其他产品的对比,可以分析每种产品的优势与劣势,并对自己的产品进行定位,从而作出产品修改方案,将其他产品的优势融入自身产品,或者解决自身产品所遇到的技术难题。通过知识载体——产品的集聚,以及产品效果展示等显见隐性知识的集中外化,产品与产品之间的优势与劣势在对比中得以凸显。

> "那就是我们要借鉴的东西了,比如有些东西他们做得比我们好,我们知道他们的优势,我们的弱势在哪里。(问:在展会上面能够看得清楚优、劣势吗?)展会上重要的是外观和细节两个部分。"
>
> (MEMFST2-43)

"横向对比是指，我们现在的产品达到这样一个水平，我们现在做的产品和其他厂商他们做的产品，如果效果差得多了，那我们应该怎么做。比如，我们做的封边机，其他企业也有做，那么我们的优势在哪里，他们的优势在哪里。"

（MEMFMR2-59）

"假如我们是做相同的产品的，我们会去了解产品的具体规格和型号。我们应该挖掘更加细致的东西。比如说，从他们的技术参数，再延伸到他们对这个行业的一个整体技术方案，在有参数和技术方案的前提下，才会制订出产品的价格。在这样的背景下，两个要同时比较。"

（MEMFGM4-70）

这种对比往往存在于合作企业或竞争对手之间，对比合作企业的产品，目的主要在于寻找合作空间，通过合作弥补自身产品的缺陷，达到强强联合的效果。对比同类产品，则是一个取长补短的过程。两种对比均实现了行动者知识基础的补充，获取自身不擅长的领域的知识。受访者 AEMFMS4-08 曾对此做出如下归纳。

"如果你想改进的话，或者你可以说这个要去研究研究，是做什么的，有什么功能，做到什么程度了，有什么特点，有什么好处，但这也得和你的行业相关。怎样才算相关呢？有两点：一是有合作关系，比方说我做高清相机，你做补光灯，我们两家就有合作的可能，我的照相机晚上可能要用灯，我自己花很大的力气，可能还做不好，那么我就跟你合作。这样呢，客户会说，我用过你的灯，效果真好，那我们一起合作多好，你卖灯也愿意，因为灯就更好卖了，客户不能光买灯啊。这样我就一定会关注你这个企业，你是做灯的，做得好，价格有优势，质量好，这样就会比较关注，这是第一点。那么第二点，我们是同行，你做这个的，我也是做这个的，水平呢相差不多，那就是竞争对手啊，全国的市场就那么大，项目就那么多，蛋糕就那么大，如果5个人分可以分一大块，10个人分只能分一小块了，100个人分就没有了，如果是竞争对手，就要关注。竞争对手出来什么新东西了，他有什么新产品，有什么新技术，有哪些新软件，哪一方面做得比我们好，哪些不如我们，以及价格的比较。手机功能差不多，像素都一样，你卖500元一部，我卖1 000元一部，那我肯定不好卖啊。就是这个道理。"

（AEMFMS4-08）

另一方面，横向比较学习也是对行动者的市场需求判断与市场战略知识掌握的一种补充。据受访者MEMFMR4-37反映，知识载体——产品是市场需求的反映，通过自身产品与同行产品的对比，有利于获取完整的市场视野，关注到被自己忽略却被竞争对手发现的市场需求，从而对自身知识基础形成补充。

"（问：另一方面，在展览会上也有很多同行，他们也会有很多雷同的产品，那你们会不会从他们身上获得什么？）也会有。因为不一定我们所面对的客户是完整的。我们回收的信息也不会和别人一样，有些特色的功能没有注意到，如果在别的厂家里面看到了这些功能，就会大概知道他想做什么了，可能这一块我们没有注意到，其他厂家已经注意到了，那么我们通过互相比较，也会促成大家的成长。（问：哦，其实就像是一种补充，你们看到市场更加完整了，而且通过优劣比较后……）就更加得以改善。"

（MEMFMR4-37）

2）调研式学习

横向知识扩散中的调研式学习，主要指有意识、有目的地观察特定的产品或企业，是一种行动者与行动者，以及行动者与知识载体以打探市场竞争对手情况与市场环境的方式，进行交互从而获取知识的方式。通过调研学习（learning by monitoring）是一种基于不同经济主体之间单向知识转移的学习方式，参加展览会就是其中的典型代表。一方面，展览会为企业创造地理邻近条件。通常行业内最重要的龙头企业以及产业链在展览会举办的几天内聚集在有限的空间内（Seringhaus et al., 1994），企业对新产品进行公开的效果展示，使得观察学习在展览会中成为最简易与最高效的学习方式（Elkins, 2005）。展览会成为行动者研究与学习所关注新产品的理想场所。另一方面，展览会中聚集的业内人士具备共有的知识背景与丰富的行业经验，使得行动者在展览会中可以在没有或几乎没有口头交流的情况下，实现对显见隐性知识的快速吸收。

展览会中的调研式学习是有意识的行为选择，并带有明显的目的性，主要通过行动者对知识载体的观察，以及伪装成客户与同行交流的方式进行。行动者视展览会为重要的市场调研机会，有意识地参观展馆，甚至专门设立市场调研团队了解竞争对手情况。利用同行企业在展览会中展示产品效果的契机，横向关系行动者通过关注同行的新产品，吸收知识载体所外化的显见隐性知识，以了解市场竞争情况，识别商机，学习新的技术。

若调研式学习为企业内部个人行为，其目的性相对较弱，会对产品作出基于个人的判断。目的主要为根据展览会所呈现的市场趋势，判断市场热点与商机，并根据市场热点进行产品改进与研发。

"主要是可以看到有没有新的竞争对手啊，或者有没有新的客户啊，去年没有来，但今年来展的，所以可以大概了解一下。还有就是有没有新的产品啊，看看有没有什么产品我们可以未来开发。"

（QEMFBM3-17）

"那我们肯定都会去转一转的，我们去看他们的，他们也会过来看我们的，互相学习和交流嘛，有竞争，在某种意义来讲是好事，当然这是良性竞争,竞争有压力,就会想办法把东西做得更完美。第二的话,就有优势,你努力,我也努力,那么行业就不断发展了嘛。有竞争,对行业发展有好处,对于企业来说就有压力。有些新产品和新技术,也不是很容易实现的,需要开发研制,有的还要一个很长的周期,我们有压力。"

（AEMFMS4-08）

若企业专门派出调研团队,目的性则较强,其所搜集的信息会更加全面、细致与系统化,是展览会横向知识扩散中的一个特殊与重要的形式。市场调研的展开分别针对"面"与"点"开展。"面"是指宏观数据特征,通过搜集竞争对手的产品详细数据,归纳整理出市场数据,对企业的产品市场份额与竞争力进行评估;"点"则是针对特定产品的调研,通过针对性的观察、产品目录与参数的搜集、与技术人员的沟通,全方位地了解产品,从而识别产品的设计理念与技术应用。这种市场调研往往是目的性很强的任务,体现于行动者希望通过了解同行的产品,解决自身技术上的瓶颈。调研团队多由研发部与市场部员工组成,分别针对市场战略知识与技术知识获取。在技术展览会中,研发与技术人员承担调研式学习的责任,因为研发人员与技术人员是产品设计的核心人员,根据其专业性,同时关注产品的外观、结构与细节。市场人员则根据产品的功能、性能、效果判断市场趋势。两者的意见结合,便形成未来产品开发的方向。

"在展览会上,我们会做调研,比如我们现在在做两种产品,这些产品有多少家企业在做,需要哪些外部资源,对我们的未来发展是否有帮助,那样我们才会去做。"

（AEMFMT3-07）

"另外一个是,我们现在已经参展几年了,我来了以后参加几年了。每一年我们的变化,别的厂家每一年的变化。我们都会有观察,一般都需要有专业人士去做。（问：专业人士去做？）这个就不好说了，有人专门去观察和了解的。"

（MEMFMR2-59）

"其实，我们是带有目标和目的的。我要达到这个目的，比如说，我这里有个困难，我们目前没办法解决，我们就去看看他们的。又比如，我们的机器在某个环节总是出现错误，那么我们就可以去看别人是怎么做的。我也是有目的地去了解，因为我对我的公司很了解，对公司的产品很了解，存在什么缺陷，主要看哪个部位，专门针对这个部位看。"

（MEMFST2-43）

另外，由于同行身份的敏感性，参展企业对核心技术有较强的戒备心。因此，部分企业会伪装为竞争对手的客户，与竞争对手进行互动交流，了解竞争对手的情况及其新技术，获取重要的市场战略知识与技术知识。甚至有参展商专门为此成立一支专业队伍，针对企业感兴趣的新产品，详细地打探产品的具体参数，以判断其是否具有发展前景，为展后模仿对方的产品制造，以及争夺市场资源与市场份额提供重要知识。

"（问：你们在展会上怎么了解行业情况？）间谍啊！比如说，你想了解这个市场，有一个队伍，招人回来或者公司的研发人员，伪装成客户，去其他展览会，看看别人有没有新的科技。你对哪台机器有兴趣，机器的发展前景如何，科技含量有多高，有没有达到要求。达到要求，就可以向他们要资料和报价。可以通过报价去反推他们的成本价。别人有机器出来，我们就可以研发一下。"

（MEMFSS2-64）

"我们专门有一个调研团队，大家有具体的分工，伪装成顾客去了解竞争对手的情况，包括他们的用料、成本和报价。大家还会搜集很多同行的资料，我们回去会统一放好，以备不时之需。"

（AEMFGS2-35）

"（问：那你们作为参展商参展的时候，会在展览会里打探竞争对手的情况吗？）会啊，像我们这样又没有穿厂服，你不知道我是哪个公司啊，要我的名片，我说派完了啊，留个电话，不可能知道我是哪里的。"

（AVMFSR2-01）

"（问：会有很多竞争对手过来打探消息吗？那你们交流的话，是比较开放地去聊吗？）会啊，假装成客户过来。肯定会有提防的心理的，不会讲太多。"

（AEMFSS1-12）

在调研式学习中，行业龙头企业往往受到特别的关注。行动者根据自身的知识水平，关注知识基础与行业影响力更高的企业产品。部分受访者表示，行业龙头企业是展览会中必须关注的，需要专门去看与了解。基于行动者在行业中的经验，在展览会中的知识搜寻与学习是有针对性的，特别关注优于自身的行动者。

"比如龙膜啊，CM啊。他们的资历比较老，品牌效应也比较高，要专门去看一下。"

（QEFFSS1-15）

"因为大企业的东西会比较全。东西全呢，我们就能够看见一些新的东西，参展的公司多就能看到比较多的新东西，东西少就没什么可以看的了。而且企业如果愿意在展览会上推广新的工艺和技术，都会在影响力最大的展会上去推出，不会说去湖南家具展推出。其实啊，你在行业里面做了几年以后，你会有针对性地去看，因为做了几年以后，你对行业已经有了比较深入的了解，不再需要一个一个地去跑和看了。目标比较明确的，我拿一个地图，你看他家在这里或是在那里，那我们看了就走了，绝对不会去扫大街的。我做这个行业十几年了，就几个大的，几个有合作关系的，合作和交流比较好的，就交流一下。不会一个一个去看的，那个是最最原始的方法。"

（MEMFMS4-41）

"我们就看几家做得比较好的。国外做得比较好的，像索尼啊，TP-LINK，国外厂商就那么几个，国内厂商也就那么几个。国外厂商就是算法跟我们不一样，生产同样的产品，算法比我们好很多，硬件大家都差不多的，芯片都是国际主流的芯片，都是要向其他厂商买的。"

（AEMFST1-09）

3）互动式学习

与研讨会等专业聚集不同，展览会中的同行互动交流比较忌讳，体现在行动者间的互动频率较低与互动深度浅。据受访者表示，行动者间私下社会关系较好才会进行坦诚的交流与互动，深度才能有所拓展。交流多是点到即止，不会就技术与产品进行深入的探讨。

"（问：会有一些同行来交流吗？）他们一看就知道啊，反正有什么新东西，他们都能知道。（问：那你们会跟他们聊这些吗？）会啊，聊有什么新产品啊，业绩怎么样啊。一般是比较熟的，比如以前一起工作过的，一起做过项目的，关系比较好才会去说这些。不熟的一般不说。"

（AEMFMT3-06）

"表面上的东西都是可以说的，但是比较核心的，我们都不会问的,问了他们也不会说。"

（MEMFMS4-41）

因此,正如前文所述,展览会中行动者间的互动式学习主要存在于上下游关系的企业之间。同时,与客户的互动也是获取竞争者信息的来源之一。客户扮演着知识中介的角色,通过参观展览会与比较新产品,对市场战略知识形成初步判断,在与供应商的交流中表达相关意见。同时,由于具有采购目的的专业观众更倾向于"货比三家",在与供应商的交流中,会进行参展商产品之间的比较,从而为参展商提供了部分竞争者情况。

"还有就是客户的反馈,他们说你们家能达到什么效果,他们家能达到什么效果。你们的效果不一样,如果综合起来那就好了,那么我们也会把这些资料收集起来。"

（MEMFMR2-59）

"比如说,有些功能是客户需要的,但是我们现在的产品没有做到,但别的公司可以做到,也可能很多功能是我们可以做到,但是其他公司做不到的。即使这样,客户还是会提出一些我们目前做不到的功能。"

（QEFFSS1-15）

4.5.3 行业发展动态知识获取

一方面,在产业集群研究中,企业在某一地理空间内的共同存在,使得产业集群中的企业可以互相比较业绩与表现,形成竞争的氛围,以及促进产品分化与创新的动力;另一方面,产业集群中的信息也不断与现有知识进行比较（Bathelt et al.,2004）,通过信息与知识基础间的比较,新知识得以识别与加入知识体系。同样,作为临时产业集群的展览会亦存在基于知识载体的横向与纵向比较,从而达到知识的扩散。横向比较已在4.5.2小节详细阐述,本节将对纵向比较进行分析。

来自产业链各个环节,遍布全国甚至世界各地的知识载体,由于临时性聚集,形成行业现状的微缩。通过历年展览会知识载体的纵向比较,行动者可以对行业的动态发展形成认知,从而获取行业最新知识。据受访者反映,参展应该是一个持续的过程,通过每年参加展览会,将这一年的新产品与上一年的新产品,以及这一年的所见所得与上一年的所见所得进行对比。其中所形成的落差,则是行业每一年的进步,是行动者在展览会中识别而展后需要思考与探讨的焦点。行动者将市场每一年的进步进行时间上的串联,则可以看出市场的发展轨迹,就能对行业的发展趋势形成准确的判断。每一年行业新产品作为知识载体进行周期性的集群,使得行动者进行纵向比较成为可能,也是其他渠道难以达到的学习效果。

"我们每年都会看的,大概会有一个程度的认识,如果今年看到一个比较特别的动作,那么我们就会去思考,这个是怎么产生的,什么时候产生的,就会去注意。所以来展会必须是一个持续的过程,是累积出来的。而不是你过来看一年就能回去做事情的,是你今年看了以后,明年再看,去比较他们的落差,要在时间上比较他们的落差。(问:就是从时间点上去比较?)对,因为如果我们只看今年的东西,可能有些东西之前没看过,是新的,但是对照我现在的机器,是存在的,那我们就会觉得我的机器和现在的市场是吻合的,那么我们就没有改进的空间了。假设,我隔年过来的时候,我发现有些东西不一样了,今年与去年进行对比,形成一些落差,那么这些不知道的东西,就是我们要去探讨的地方。去两个互相比较。"

(MEMFMR4-37)

"我们就是看它的功能和性能。功能有没有增加,性能有没有变好,相容性有没有更广。性能的话,就是他的解释度有没有更高。行业的一般发展是什么呢?用成熟的技术,加入前沿的技术,然后抛弃落后的技术,就是这么一个过程。"

(AVMDBM4-02)

因此,展览会行动者通过对新产品的纵向对比,对行业市场及技术发展脉络有更清晰的梳理,对行业知识形成更好的把握与理解。

4.6　小结

综上所述,展览会知识扩散机制可总结为图4.1所示。

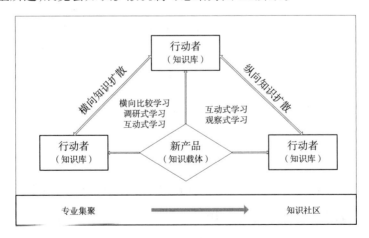

图4.1　展览会知识扩散机制图

基于临时产业集群的视角,展览会促进了行业新知识的迅速扩散。本质上,展览会是商贸活动的集合,贸易活动集中且强度高。以商贸为目的的活动造成了知识溢出,展览会也具备了知识扩散的功能,在知识层面对行业的影响越来越重要。某一产业领域的知识载体与知识库在空间上的短时间集聚,形成知识高频率及高强度交互的知识社区。对新产品与新客户的关注，使得知识社区具有明显的"新"导向，强调新知识的获取。

行业知识通过新产品作为知识载体外化并扩散，呈现显见隐性特征。一方面，展览会对行业最新产品展示所外化的知识进行远距离传播，而这些知识往往是行业最新的，尚未形成编码；另一方面，技术及其应用、设计理念、市场趋势等多种知识具有黏性，难以在远距离中扩散。知识背景相近与具有行业经验的知识库集聚，使得显见隐性知识通过专有编码与高效率沟通扩散，对行外人士及认知差距较大的行动者具有排斥性。

认知邻近的行动者以及知识载体在展览会中形成交互，知识通过行动者间的互动，行动者对知识载体的调研、比较、观察学习，实现沿产业链的横向与纵向扩散。展览会中，横向与纵向知识扩散之间存在较大差异。互动式学习与观察式学习是知识纵向扩散的重要途径，促使市场需求、问题解决、市场趋势、竞争者情况等相关知识，以及某一环节的行业技术与发展现状得以扩散与转移。调研式学习是知识横向扩散的主要途径，技术应用、问题解决、市场趋势、竞争者情况等相关知识在行动者间得以扩散；通过行动者对知识载体的观察，基于相近的知识背景与行业经验形成判断，以及通过知识载体对技术、工艺、理念等知识的表达，获取产品改进与技术应用的新思路。比较学习，则是通过对知识载体的横、纵向比较，行动者获得市场定位与行业发展动态等宏观的显见隐性知识。通过上述多种交互方式，行动者获得全面的市场战略知识与技术知识。

可以说，展览会中的知识扩散在特有的知识供给与知识吸收机制下进行，知识在知识载体及知识库的聚集中产生了独特的效应，形成了知识扩散过程中的知识供给，而具有相近知识背景及行业经验的行动者根据自身知识水平与需求对知识进行识别与吸收，便构成了展览会知识扩散机制。

在第5章，本研究将选取横向知识扩散这一交互截面，运用社会网分析法，进一步探讨在展览会的知识扩散机制下，横向知识扩散呈现出如何的形态与结构，形成对展览会这一知识扩散特殊场域的进一步理解。

第5章　展览会横向知识扩散网络结构

从展览会如何促进知识扩散,转向此机制所形成的知识扩散形态与结构。承接第4章展览会知识扩散机制的整体研究,本章选取其中一个交互截面,聚焦横向知识扩散机制,分析其知识扩散结构特征。将知识扩散视为一个网络,本章运用社会网分析法,追踪知识扩散轨迹,还原知识扩散结构,研究展览会情境下知识扩散的结构特点。

本章所建网络针对具体知识的扩散,仅考虑行动者间的知识转移,不考虑通过考察展览会新产品与新技术总体情况而获得的宏观知识。根据展览会中行动者的知识扩散行为特点,构建市场战略知识横向扩散网(以下简称"市场战略知识网")、技术知识横向扩散网(以下简称"技术知识网")两个整体网。分别建立72×72有向二值邻接矩阵、62×62有向二值邻接矩阵,可视化图像如图5.1、图5.2所示。

以下将对展览会横向知识扩散网络进行网络密度、网络集聚程度、网络关联性、核心—边缘位置与凝聚子群进行分析,以更具体地了解展览会中知识横向扩散的结构特征。

5.1　网络密度

本节以内含度与网络密度两项指标分析网络整体关联的紧密程度。

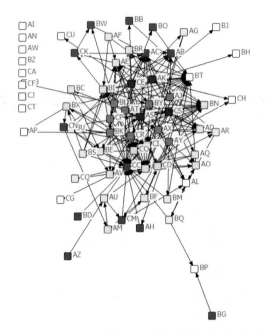

图5.1　市场战略知识网可视化图像

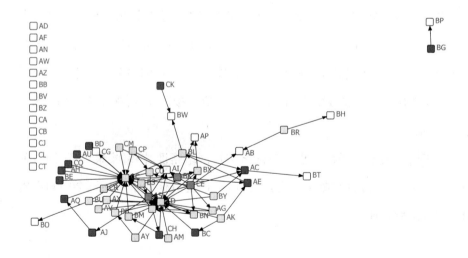

图5.2　技术知识网可视化图像

　　根据可视化图像可进行初步判断,市场战略知识与技术知识扩散使得行动者结成了一个大的组团,但并非完全连接,网络中仍存在孤立的行动者。孤立的行动者不关注其他行动者的同时,也未受到其他行动者的关注,并未真正参与到展览会的横向知识扩散过程中。但是,案例展会中并不存在大量孤立行动者,知识扩散将网络中大部分的节点连接了起来。内含度计算可反映这一情况。内含度是指图中各类关联部分包含的总点数,为便于多网络的比较,常用的内含度测度表示为关联的点数与总点数之比(约翰·斯科特,2007)。市场战略知识网的内含度为90.28%,技术知识网的内含度为80.65%。可见,网络内含度较高,网络中超过80%的节点关联,不存在大量行动者孤立的情况。市场战略知识网的关联节点较多,网络规模较大。

　　网络密度是描述网络中各节点之间关联紧密程度的概念,指一个网络凝聚力的总体水平(约翰·斯科特,2007),是网络中实际拥有的连线数与最多可能拥有的连线数之比(取值为0～1)。当图形达到完备,网络便拥有最多可能拥有的连线数。"完备"(complete)图是指所有点之间都相互邻接的图,即每个点都与其他点有直接关联。网络密度反映网络多大程度上拥有成为完备图的可能性。

　　UCINET 6软件运行结果见表5.1。市场战略知识网共有219条路径,网络密度为0.043,平均每个点相连的线段数目为3.042;技术知识网共有89条路径,网络密度为0.024,平均每个点相连的线段数目为1.435。密度的测量对网络规模具有强依赖性,在其他因素不变的情况下,大图的密度比小图低(约翰·斯科特,2007)。Mayhew等(1976)研究指出,实际情况中保持接触的人数将随着网络规模的增大而减少,利用随机选择模型试验,发现实际网络图中最大的密度值为0.5。这一结论为网络的低密度值作出了解释。平均每个参加标签展的参展企业关注3.04个企业的新产品,但只倾向于或会与1.44个参展企业学习与探讨技术难题与技术创新。

　　由此可见,网络总体的知识扩散密度并不高。初步判断可得,展览会中的知识扩散所形成的行动者间的联系并没有预期中那么高，网络结构并不紧密。该结果可能受三方面的影响：其一，由于网络构建具有前提条件，企业接受知识基础以外的新知识，了解不知道或不了解的知识，因此参观展位较多并不等同于知识的获取较多；其二，可能受到节点分布与差异的影响，需要运用其他指标进行分析；其三，由于受访者填写问卷中可能出现遗忘以及倾向填写自身比较关注的企业，此网络密度是对预期的低估。

表5.1　网络密度分析结果

指标	市场战略知识网	技术知识网
路径	219	89
密度	0.043	0.024
平均度数	3.042	1.435

检验市场战略与技术知识网的差异。由于市场战略知识扩散与技术知识扩散两种关系之间有相关关系，不满足常规统计分析中多个自变量相对独立的前提条件。因此，运用 UCINET 6 基于置换的检验方法，分析两个网络的密度是否存在显著差异。两个网络均值之差为 0.014 0[①]，p 值为 0.046 8 < 0.05，因此市场战略知识网密度显著大于技术知识网的网络密度。紧密关联的网络能为行动者提供丰富的信息（Granovetter, 1973）。由此可以推论，在 2014 年标签展所构成的临时产业集群中，市场战略知识比技术知识的扩散更频繁，所能提供的新知识更加丰富。

---

① 在网络密度比较中，由于需要在同等规模的图之间比较才有意义，因此在该运算中，笔者预先对数据进行处理，将未出现在技术知识网（62×62）中的市场战略知识网（72×72）节点去除，得到一个与技术导向网络具有相同规模的新网络，命名为市场战略知识网（62×62）。

5.2 网络关联性分析

关联性是衡量网络中关系模式(pattern)的测量指标。与网络集聚程度分析关注网络中点的连接程度不同,关联性分析关注网络中节点连接的方式,从而反映网络的稳健程度。如果成员之间的社会关系能把该集体团结起来,则集体具有关联性(刘军,2009)。若网络的连接依赖于一个重要节点,则会存在取走一点,整个网络坍塌的潜在风险,网络是"不稳健"的。

本章从关联度、等级结构、效率三个维度分析知识扩散网络的关联性。首先,对网络进行对称化处理,得出72×72无向二值邻近矩阵与62×62无向二值邻近矩阵。

市场战略知识网中的关联性分析指标数据(表5.2)显示,网络关联度为0.740 2,反映网络中节点具有较高的可达性,网络中大部分的节点可以建立联系;等级度为0.738 8,表明网络具有比较明显的等级结构,73.88%的节点是非对称到达的,体现了知识的单向传播特征;效率为0.915 8,反映市场战略知识网的知识传达效率很高,不存在大量冗余路径。

技术知识网中的关联性分析指标数据显示,网络关联度为0.524 6,低于市场战略知识网,网络关联性较低,由于同行竞争的敏感性,展览会中的横向技术交流参与主体范围明显小于市场战略知识的获取范围;等级度为0.963 5,表明96.35%的节点是非对称到达的,网络等级结构较市场战略知识网明显,体现出知识的单向传播特征;效率为0.957 7,网络中知识沟通效率较高,行动者不需要通过冗余的关系获得技术知识的交流。

表5.2 网络关联性分析结果(Krackhardt GTD Measures)

指标	市场战略知识网	技术知识网
关联度(Connectedness)	0.740 2	0.524 6

续表

指标	市场战略知识网	技术知识网
等级度（Hierarchy）	0.738 8	0.963 5
效率（Efficiency）	0.915 8	0.957 7

综上所述，关联性分析反映了展览会横向知识扩散网络的三个特点。其一，网络具有较强的关联性结构。虽然知识在展览会中的扩散并非完全均匀，但知识可达性较强，网络处于比较稳健的状态。网络中信息分散，行动者间的地位平等。其二，横向知识扩散中知识的单向扩散明显，较少存在两个行动者互相关注的情况。在一定程度上印证了第4章中所得结论，横向知识扩散呈现知识流从高水平知识库向低水平知识库扩散的特点。其三，展览会是一个知识扩散的高效率平台。比较市场战略知识网以及技术知识网，市场战略知识网关联性更强，行动者获取市场战略知识更为积极与高效。

5.3 网络集聚程度分析

社会学理论认为，处于社会网络中的行动者之间是不平等的，主要体现于权力等级与声望（林聚任，2009）。同理，知识扩散网络中的行动者在社会网络中也存在位置或优势差异，中心度是测量行动者中心性位置的概念工具。

中心势是衡量网络总体凝聚力或整合度的重要指标，并不是关注网络内的某个节点，而是关注整个网络在多大程度上具有中心化的程度（约翰·斯科特，2007）。与密度这一描述网络凝聚力的总体水平指标相比，中心势描述的是内聚性能在多大程度上围绕某些特定点进行组织（约翰·斯科特，2007）。中心势测量的取值介于0和1之间，越接近1则网络越近似于星形结构，一个完备图的中心势为0。

　　基于程度中心性（degree centralization），市场战略知识网的点出中心势为0.185 1，点入中心势为0.313 6；技术知识网的点出中心势为0.126 0，点入中心势为0.342 6，见表5.3。可见，两个网络的点入中心度均高于点出中心度。基于这一数据特征可推论，从参展企业知识接收行为的角度看，标签展中企业的知识接收围绕某些特定点的紧密性高于知识发出的情况，即参展企业更多地从较多其他同行参展商中获取知识，知识的来源不受少量特定企业支配。多个企业在展会上通过展示与交流等方式所展现的知识，汇聚于多个知识搜寻行为积极的行动者。这一结果从另一方面支撑了专业性展览会促进企业获取多元化行业知识的观点，以及行动者对通过展览会学习的重视。

　　对两个知识扩散网络的程度中心势进行对比，市场战略知识网的点出中心势为0.161 8，稍高于技术知识网，点入中心势为0.328 4，基本与技术网持平。这表明从整体网络具有中心化程度而言，市场战略知识的发出更集中于网络中心点，中心点具有更高的支配地位，网络中的企业知识系统更容易受到中心企业的影响。

表5.3　网络中心势分析结果

	市场战略知识网	技术知识网
中心势（外向）	0.185 1	0.126 0
中心势（内向）	0.313 6	0.342 6

　　综上所述，展览会横向知识扩散网络集中趋势不明显，呈现知识来源分散、流向汇聚的结构特点。

5.4　核心—边缘位置分析

　　前文从整体角度对标签展横向知识扩散的整体结构进行了分析，而本节则是从微观的角度分析横向知识扩散网络,探讨企业在知识扩散网络中的核心—边缘位置。

　　核心—边缘位置分析可通过中心性分析进行。中心性是评价一个人在网络中重要与否的个人结构位置指标(罗家德,2010),以关注网络中每一个节点的角度,反映图中行动者的核心—边缘位置分析。其中,包括程度中心度(degree centrality)、亲近中心度(closeness centrality)、中介中心度(betweenness centrality)三个指标。本部分仅测量程度中心度。程度中心度指数越高的行动者,会在网络中与越多行动者有关系,且拥有高中心性的行动者,其在网络中拥有的非正式权力及影响力也高(Krackhardt et al.,1993)。

5.4.1　市场战略知识网行动者核心—边缘位置分析

　　测算市场战略知识网(72×72有向二值矩阵)中每个节点的程度中心度(表5.4)。在外向中心度方面,AS, CE, CS, AK行动者的中心度较高,分别有超过10个其他行动者从这些企业中获取的市场战略知识,协助形成了市场战略决策。在内向中心度方面,CC, BT, AA, AC, BN行动者的内向中心度较高,越能够在展览会中从多个同行获取市场战略知识,重视在展览会中对新产品与新技术的学习。

表5.4　市场战略知识网高中心度节点

节点	外向中心度	内向中心度	标准外向中心度	标准内向中心度	节点	外向中心度	内向中心度	标准外向中心度	标准内向中心度
AS	16	4	0.225	0.056	CC	1	25	0.014	0.352
CE	15	0	0.211	0.000	BT	0	20	0.000	0.282
CS	13	0	0.183	0.000	AA	4	17	0.056	0.239
AK	11	0	0.155	0.000	AC	1	11	0.014	0.155
BK	10	0	0.141	0.000	BN	4	10	0.056	0.141

续表

节点	外向中心度	内向中心度	标准外向中心度	标准内向中心度	节点	外向中心度	内向中心度	标准外向中心度	标准内向中心度
BY	9	2	0.127	0.028	AE	5	9	0.070	0.127
BL	9	0	0.127	0.000	BI	4	9	0.056	0.127
AY	8	0	0.113	0.000	CI	2	9	0.028	0.127
CP	7	3	0.099	0.042	BE	2	8	0.028	0.113
CR	7	1	0.099	0.014	CO	5	8	0.070	0.113

借用传播学口碑传播研究中意见领导(opinion leader)与意见搜寻者(opinion seeker)两个概念可对企业的网络位置有进一步的理解。传统口碑研究认为,口碑传播中的成员存在意见领导与意见搜寻者两种(Gilly et al.,1998)。意见领导是意见的来源与生产者,往往具有更广泛的影响力,能加快信息扩散的过程,以及拥有影响与改变他人态度的能力(Lazarsfeld et al.,1948)。而意见搜寻者则为希望通过获取他人意见以协助其对产品与服务进行评价的人(Feick et al.,1986)。借用这一理论观点,外向中心度较高的企业在展览会中扮演知识领导者(knowledge leader)的角色,引领行业知识潮流,是行业市场战略知识的风向标,受网络中更多行动者的关注,其新产品与新技术的发布对行业其他企业具有较高的影响力;而内向中心度较高的企业则为知识搜寻者(knowledge seeker),在展览会中积极关注市场动态,从多个同行企业的新产品与新技术中获取知识,协助其对市场趋势与信息的判断。

在网络中具有什么特征的企业占据重要位置?产业集群相关研究表明,行业领先企业影响,甚至主导产业集群中企业间的知识扩散(Lissoni, 2001;Giuliani et al., 2005)。行业领先企业在产业集群中起着知识守门人的作用,对外与其他知识库形成联系,吸收外部知识后,外部知识进入产业集群内,并发生一系列扩散与传播(Morrison, 2004;Owen-Smith et al., 2004)。领先企业在产业集群知识扩散中处中心地位,具有更高的连接能力与影响力,是中小企业所不具备的(Genet et al.,2012)。产业集群中关于行业领先企业对知识扩散的影响逐步得到相关研究支持,而对于展览会这一临时产业集聚现象,领先企业的影响力是否一样存在? 在第4章研究的访谈中可以得到一定的解答。由于行业领先企业往往具有行业地位、研发实力强、企业整体实力强等特质,本节将选取企业行业地位、企业规模、展位面积、研发人员数量、专利数量、新产品数量六个指标进行探索分析。

考虑关系数据的特殊性,本研究对数据进行预处理,过程如下。

首先,由于数据条件不符合多元回归条件,本研究对六项指标进行转换,将连续变量转换为分类变量,并按平均值将数据分为高于平均值与低于平均值两组,其中专利数量指标存在极端观测值,少数企业专利数远多于其他,为避免极端数值对均值的影响,专利数量指标的分类取其中位数。

其次,由于中心度变量的观测值不独立,常规统计软件的结果将有较大误差,本研究选取UCINET 6中的t检验功能进行分析。该方法利用置换法直接估计统计量的抽样分布,不需要常规的样本独立性假设与随机假设,专为关系数据研究设置,解决关系变量的特殊所造成的统计偏误(刘军,2009)。

再次,将网络中的标准外向中心度进行正态转换。由于原数据不符合正态分布,本研究对标准外向中心度进行正态转换。将外向中心度为0的节点从网络中去除,因其与外界没有知识发送联系,可视为无效样本,移除对结果没有重大影响。行业地位的低水平组($p = 0.044 < 0.05$)与展位面积的低水平组($p = 0.050$)两组除外,各组数据呈对数正态分布,符合t检验要求。对每项指标的高水平与低水平组标准外向中心度对数进行方差齐性检验,除企业规模一项指标外,各指标数据符合方差齐性条件。因此,本书暂不对行业地位、企业规模、展位面积三项指标进行t检验。

最后,运用UCINET 6中的t检验功能分析各指标的高水平组与低水平组的外向中心度是否存在显著差异。

数据结果见表5.5,除新产品数量以外,各指标高水平组与低水平组行动者标准外向中心度水平具有显著差异。在研发人员数量方面,平均而言,拥有研发人员数多于平均水平的行动者具有更高的外向中心度对数($p = 0.004 < 0.05$),表明研发基础较高的企业更容易在市场战略知识的展览会横向扩散中获取较高的中心位置。专利数量方面,拥有专利数量高于平均水平的企业外向中心度,显著高于低水平组($p = 0.001 < 0.05$),表明研发绩效较强企业在网络中处于较高地位。新产品数量方面,在展览会中推出新产品多与少的两组行动者标准外向中心度之间不存在显著差异,表明推出较多新产品并不代表可以获取较高的网络中心位置($p = 0.362 > 0.05$)。

表5.5 t检验分析结果

	低水平组		高水平组		均值	单侧检验	
	均值	标准差	均值	标准差	差值	低>高	高>低
研发人员数量	−3.403	0.715	−2.752	0.905	−0.65	0.996	0.004
新产品数量	−3.221	0.829	−3.133	0.855	−0.087	0.638	0.362
专利数量	−3.557	0.685	−2.817	0.816	−0.740	0.999	0.001

通过以上分析可以看出,研发能力高的领先企业在网络中的中心程度往往高于其他企业。在展览会中的市场战略知识横向传播中,领先企业在网络中对其他行动者形成较强的影响力,成为知识扩散的源头,有利于将更先进的市场知识与认知传播给其他企业。该结论印证了第4章行动者通过调研式与互动式学习获取知识的行为特征。然而,新产品数量不存在显著差异,而专利数量存在显著差异,表明引起关注的关键不在于新产品的多少,更可能在于产品的创新成分与质量。另外,网络中可能存在其他不具备以上特征的企业在网络中占据中心位置的小概率情况,例如企业成长性强、具有重大发明创新等。

5.4.2　技术知识网行动者核心—边缘位置分析

测算技术知识网（62×62有向二值矩阵）中每个节点的程度中心度（表5.6）。在外向中心度方面，行动者CE，AS，BK的中心度较高，分别有超过五个其他行动者从这些企业中获取了技术知识，技术知识发生了转移。在内向中心度方面，行动者CC，CD的内向中心度远远高于其他行动者，分别与超过20个其他行动者交流与学习技术知识。然而，其余行动者的技术网内向中心度均低于7，技术交流的积极性相对较低。

与市场战略知识网对比，分别位于网络中心位置的行动者并非完全重叠，高外向中心度的11个节点中，共有七个企业同时在两个网络的中心位置，占比63.6%，反映了技术知识来源与市场战略知识来源的差异。其中，AS与CE在两个网络中均对其他行动者产生重要影响。另外，技术知识网节点的外向标准中心度明显低于市场战略知识网，反映出技术知识扩散的去中心化程度更高。

表5.6　技术知识网高中心度节点

节点	外向中心度	内向中心度	标准外向中心度	标准内向中心度	节点	外向中心度	内向中心度	标准外向中心度	标准内向中心度
CE	9	0	0.148	0.000	CC	2	22	0.033	0.361
AS	6	2	0.098	0.033	CD	4	21	0.066	0.344
BK	6	0	0.098	0.000	AI	0	6	0.000	0.098
CD	4	21	0.066	0.344	CI	3	5	0.049	0.082
BS	4	0	0.066	0.000	BN	2	3	0.033	0.049
CI	3	5	0.049	0.082	BX	2	3	0.033	0.049
BL	3	1	0.049	0.016	AC	1	3	0.016	0.049
AK	3	0	0.049	0.000	AS	6	2	0.098	0.033
BU	3	0	0.049	0.000	CO	2	2	0.033	0.033
BY	3	0	0.049	0.000	AE	1	2	0.016	0.033
CP	3	0	0.049	0.000	AB	0	2	0.000	0.033

由于技术知识网络中,各节点外向中心度经对数转换后仍不符合检验条件,本书暂不对技术知识网络中占据重要位置的行动者特征进行分析。

5.5 凝聚子群分析

从社会心理学出发,个体是群体中的行为者,接受群体的观念、影响、规范和价值观等(刘军,2009)。凝聚子群的概念主要来自小群体。小群体一般指相对稳定、人数较多、有共同目的、相互接触较多的联合体。凝聚子群是具有相对较强的、直接的、高度的、经常的或积极的、联系的一些行动者的子集(林聚任,2009)。即群体成员彼此间越是有共同的活动,之间就越有更多的面对面互动机会,从而形成更多的共同情感,能够彼此接受与认同。进行凝聚子群分析,有助于对网络结构的进一步了解。凝聚子群的分析主要包括成分分析与派系分析。

5.5.1 市场战略知识网的凝聚子群分析

市场战略知识网中,共存在强成分45个,其中1个成分由25个行动者组成,1个成分为3个行动者,1个为2个行动者,其余均为单独行动者独自一组。由此可见,网络中存在一个行动者群体,知识扩散活动在该群体中密集且频繁。另有弱成分10个,其中1个为62个行动者构成的大成分,1个为2个行动者的成分,其余为低于2个行动者构成的无联系行动者。由此可见,网络中存在一个区域的知识扩散较为集中与频繁。成分分析并未给我们足够的信息了解网络结构,因此需要进行派系分析。

将72×72的有向二值邻接矩阵对称化,形成无向二值邻接矩阵。网络中共有规模高于3个行动者的派系88个,规模高于4个行动者的派系32个,规模高于5个行动者的派系8个。通过群体共享成员方法（group co-membership method），如图5.3所示，产生了两个明晰的大群体，{BN, BY,CI, CE,BT, AA,BI, CO,AS, CR}与{AT, BE,CC, AE,CS}。其中，AS与CO两个点为网络中重要的点，六个派系包含AS与CO。

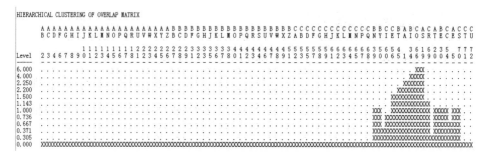

图5.3　市场战略知识网凝聚子群共享成员矩阵

5.5.2　技术知识网的凝聚子群分析

技术知识网中，共存在强成分58个，其中1个成分由5个行动者组成，其余均为单独行动者组成一个成分。由此可见，网络中存在一个行动者互动的群体，知识扩散活动在该群体中密集，但成分并不大。另有弱成分16个，其中1个为45个行动者构成的大成分，2个为2个行动者的成分，其余为单独行动者组成一个成分。由此可见，网络中存在一个区域的知识扩散较为集中与频繁，但交互较强的区域较小。成分分析并未给我们足够的信息来了解网络结构，因此需要进行派系分析。

将62×62的有向二值邻接矩阵对称化，形成无向二值邻接矩阵。网络中共有规模高于3个行动者的派系26个，规模高于4个行动者的派系6个。通过群体共享成员方法（图5.4），产生了1个明晰的群体，{BS,AI,BN,CC,AS,CD,CE, CI}。其中，AS与CD两个点为网络中重要的点，6个派系包含AS与CD两点。

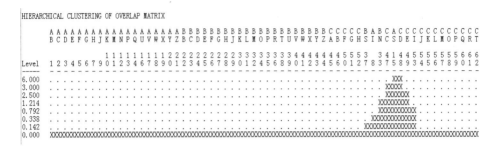

图5.4　技术知识网凝聚子群共享成员矩阵

5.5.3　对比与小结

由以上的成分与派系分析结果可以得出,标签展中知识的横向扩散是不均匀的。体现为一部分企业结成知识交流的凝聚子群,相比于凝聚子群外的行动者互动,凝聚子群中的行动者具有相对较强、直接、紧密、经常的或积极的联系(刘军,2009),即知识交流联系更强。根据社会学中所提出的小群体特性,小群体成员间的紧密互动,将很可能使之形成相似的或共同的行为标准与价值观念。若对展览会的知识扩散进行推论,市场知识扩散小群体中的企业将通过目的性强的关注与频繁的知识交流,形成相似或趋同的市场趋势判断。其中,趋势判断也更容易受到凝聚子群内企业的影响。

对比市场战略知识网与技术知识网,呈现以下的共性与差异。

①两个网络中均存在两个重要节点。市场战略知识网中的 AS 与 CO,技术知识网中的 AS 与 CD,在各层次派系中共享度最高。其中,节点 AS 在两个网络中均占据重要的中心地位,外向中心度较高,知识发送给较多节点,对其他节点形成影响力,是网络中的重要知识源头。而节点 CD 则在技术知识网中的内向中心度较高,积极与其他行动者展开交流与互动,是网络中重要的知识吸收者。

②市场战略知识网可达性高于技术知识网。凝聚子群分析显示市场战略知识网并没有形成多个明显独立的小群体,而是形成一个比较大的成分,这反映出知识扩散网络可达性较强,通过新产品与新技术的展示所外化的市场知识

得到广泛扩散,不会出现集聚于某几个小群体所导致的知识扩散分化。而技术知识网所形成的小群体则规模较小,技术的互动与交流并没有真正地大面积铺开。

5.6 小结

综上所述,市场战略知识网与技术知识网的结构可以反映出展览会横向知识扩散的形态。

在整体网络结构方面,展览会横向知识扩散网呈现以下特点:①非完全连接网络,存在孤立的行动者;②高可达性网络,虽并未将所有行动者连接,网络呈现高可达性特征,不存在大量孤立的行动者,知识扩散范围广;③网络稳健,网络关联不存在对若干个节点的依赖;④知识单向扩散网络,行动者间知识的互相关注度较低,呈现知识从高势能向低势能扩散的特点;⑤高效率网络,知识扩散效率高,不需要经过冗余路径;⑥网络集中趋势不明显,知识来源分散,流向汇聚的特点。

在行动者层面,展览会横向知识不均匀扩散,体现为以下三个方面:①各个行动者在知识扩散中所处位置有所不同,存在知识传播者与知识吸收者分化;②研发能力高的领先企业,具有高于其他行动者的影响力;③知识扩散的强度在网络中存在局部差异,存在知识交流的凝聚子群,其中的知识交流更为紧密,互动性相对较强,更容易形成同化与一致的见解。

对比市场战略知识网与技术知识网,两个网络结构存在差异。首先,市场战略知识网的内含度、网络密度、关联度均高于技术知识网,体现出网络可达性更高、覆盖范围更广、行动者间的联系更为紧密的特点;其次,市场战略知识网所形成的成分更多,行动者在市场战略知识的交流中更为积极与紧密;最后,市场战略知识网络点出中心势相对较高,更容易受到研发能力高的领先企业的影响。而技术知识网则网络等级度、效率与点入中心势更高,体现出知识的高效率单向流动,有利于行动者对技术知识的学习和研究。总体而言,展览会中市场战略知识的扩散优于技术知识,行动者对新产品的设计理念、技术应用、需求判断、市场发展等战略知识的交互更为紧密与频繁。

第6章 展览会知识扩散的效应

　　第4章和第5章解析了展览会促进知识扩散的机制,以及其所形成的知识扩散形态与结构。本章将进一步关注展览会知识扩散产生的效应,将从企业和产业两个层面展开分析。在企业层面,分析企业在展览会中获得知识后如何开展知识转化和创造;在产业层面,分析展览会中的知识扩散对于产业链的创新产生什么影响。由此,丰富与拓展Bathelt和Schuldt(2008)提出的受国际展览会影响的知识扩散模型,加深对展览会结束后知识扩散效应的理解。

6.1 企业层面:展览会后的企业知识创造

　　企业的知识创造(knowledge creation)是知识管理研究的重要议题。Nonaka(1994)开创性地提出了企业知识创造的SECI模型,此后模型被广泛地应用于企业内知识创造相关研究中。此模型描述了隐性知识和显性知识如何在企业中进行交互转换,形成了"Ba"的知识转移、分享、利用和创造的情境。在这一过程中,知识经过社会化(socilization)、外部化(externalization)、组合化(combination)和内部化(internalization)四种知识转换的模式,最终促进了企业知识的螺旋式上升。参加展览会的行动者在展览会中通过多种交互方式,获取了来自产业链各个环节的显见隐性知识。在展览会结束后,行动者带着显见隐性知识回到企业,参与到企业的知识创造过程中,将新知识注入企业的知识库,从而丰富了企业的知识积累,促进了创新,提升了竞争力。本节将从社会化、外部化、组合化和内部化四个方面,进一步剖析展览会知识扩散对企业层面知识创造的影响。

6.1.1　展览会知识的社会化

社会化是隐性知识汇聚与相互转化的过程。在展览会中,行动者通过多种交互方式获取了外部显见隐性知识,是企业外部知识的导入。在展览会结束后,参加展览会的行动者和没有参加展览会的行动者,推动了展览会中获取的显见隐性知识在企业内部的扩散。

一方面,展览会后显见隐性知识持续通过新建立的知识管道输入。展览会后,企业成员(以销售部门成员为主)展开客户跟进,以达成交易为主要目标,与在展览会上建立初步联系的客户保持沟通,包括线上多种形式的沟通、后续客户拜访、客户现场验厂等。在这种持续的多情境多途径交互中,知识在企业间成员之间发生社会化。

"这个还是会去交流的,就简单明了地去跟客户阐述,第二步要去留一个联系方式,如果他对产品感兴趣,在介绍的时候,我们肯定会把产品的主要设计告诉他,那么他们回去之后就会对这个产品进行关注,这个产品有什么特点,和行业有什么关系,那么大家会互相去联系,做进一步的沟通。"

(AEMFMS2-11)

另一方面,展览会知识的社会化还存在于企业内不同部门之间合作与互动产生的信息传递中。企业不同部门的行动者的知识背景有所差异,对展览会中知识扩散的关注点不同。展览会结束后,不同部门之间在共同工作与合作的情境下,会交流展览会中获得的信息,发生市场战略知识与技术知识之间的融合与转化。例如,销售部和市场部等非技术人员参展了解到的行业新技术,也会在展后与技术人员进行交流,供技术人员评估,这是一种信息传递的体现。例如,有受访者提到市场部行动者在展览会中搜集到的市场需求和新技术运用,在展会结束后通过照片和视频等方式反馈至产品工程师,供产品工程师研发产品时参考与决策。

> "首先第一步把它反馈给我们产品的工程师,工程师是负责这个产品的设计结构工艺这块的,他们定好生产工艺才会投产。"
>
> （CEFFCS1-106）
>
> "公司群交流,流行什么样的板材风格,还有功能五金之类的,是吧,嗯,多拍照、拍视频,已经跟他们在线上交流了。"
>
> （CVMASS1-115）
>
> "他们看到一些照片,就把每个人看的点评分享,有的研发人员可能看细节,有的看色彩,有的看形体。同一个部门每个人看到的东西都不太一样,关注点也不一样。"
>
> （CEMFCT2-102）

6.1.2　展览会知识的外部化和组合化

外部化是隐性知识到显性知识的转化过程,企业员工通过面对面沟通交流经验、讨论想法和见解,从而将隐性知识概念化(conceptualization)为可以用语言和文字表述的显性知识;组合化则是将企业中不同员工掌握的显性知识整合起来的过程,通过梳理、增补和重构分散的知识生产出新的知识(Nonaka,1994)。由于在展览会中获取知识的社会化和组合化过程难以完全剥离,因此本节将两种模式一起阐述。

企业内部讨论(orgainzational dialogue)是展览会知识外部化和整合化的重要方式,包括复盘会和总结会等。有受访企业表示,每天展览会闭馆后会组织参展的员工开复盘会,梳理当天在展位中搜集到的客户信息与反馈,将客户反映出来的市场需求特征总结出来。在整个展期结束后,企业组织员工针对展览会进行再次会议沟通,总结参展过程中的信息以及参展员工对于产业和产品的想法。在企业内部的多次讨论和交流中,企业员工对市场需求等市场战略知识的理解加深,并结合企业员工自身经验与员工间的信息交换,凝练出企业内部达成共识的新知识。这种类型的沟通是展览会中显见隐性知识的外部化体现,行动者在展览会中吸收获取产业最新的市场战略知识和技术知识,并通过企业内部会议等多种形式对话将之描述出来,构成了概念化的过程。通过概念化,显见隐性知识逐步转化为会议记录和报告等显性知识。与此同时,企业内部讨论过程中参加展览会的员工与没有参加展览会的员工聚集在一起,分享自身对展览会中呈现的知识的讨论,是一个整合与梳理分散在各个员工之间知识的过程,是展览会中获取外部知识的组合化体现。展会中获取的知识通过外部化和组合化进入企业知识库的知识创造过程中。

　　"如果你看我的聊天记录,你会知道我们这里五六点就撤展了,晚上8:30就开复盘会,每个人跟进了多少客户,这些客户是怎么样的,我们都会整合到我们的客户系统里。然后再整理展览会我们来了多少新客户,新客户是从哪里来的,哪些区域的,定了哪些产品;如果客户是现场付款的,他定的是哪些产品,之后我们就会复盘到今年的新客户对哪些产品的需求量是比较大的,这是最直观的,是平时做不到的。"

(CEFFCS1-106)

　　"(问:展览会后会有相应的工作整理信息吗?)会有的,在展览会过后。因为展览会的话，整整两天时间，那么就是说最大化利用这个时间。展览会后我们会开会总结，会筛选一些比较优秀和重点的工作重点去跟踪。"

（CEMFBM4-110）

"我们有时候拍一些照片，然后以开会的形式、讨论会议的形式分享一下。"

（CVMFCP2-116）

企业除内部的面对面沟通外，还会推动以书面整理的方式进行展览会知识的组合化，如市场调研报告等。从第4章可知，企业往往派出多个部门组成的团队参加展览会。尤其是参展企业，除了完成展览会现场的销售与营销目标外，还会派出技术部、研发部和产品部等与产品研发相关的部门员工参展，在展览会中广泛地搜集产业链层面的信息。在展览会结束后，部分企业会要求员工整理和分析展览会中搜集到的信息，并汇总成报告。通过调研报告的整理，整合了不同员工在展览会中获取的知识，形成达成共识的知识和指导企业下一季度的产品研发与营销策略。

"我要把展览会上搜集到的所有资料都汇总成报告，比如今年的新产品有哪些，他们做销售，就要做 marketing 的分析，哪些产品可以推，市场的竞争如何。"

（AVMDBM4-02）

"每年这种大型展览会我们公司都会参加，相关部门研发、采购、销售这几个部门人员是必须来的。可能回去要写报告，你要了解趋势。"

（CEFFMS3-104）

因此,展览会中获取的新知识将在展后通过外部化和组合化的方式,通过企业内部会议和调研报告等交流方式,在企业内部发生扩散并整合为共识,推进新知识的创造。在展览会中获取的新知识扩散仍然是以显见隐性为特征的,但在企业会议和报告等多种形式的交流对话中概念化为显性知识进入企业知识创造的过程中。

6.1.3 展览会知识的内部化

内部化是指显性知识重新内化为隐性知识的过程,知识被转化为一种具体的"形态",如产品或系统(Nonaka,1994)。其中,具体化(crystallization)是这一过程中的关键。知识应用于实践,通过检验部分会被优化,但不适宜的部分会被舍弃(Nonaka,1994)。企业在展览会中获取的知识,经过了社会化、外部化和整合化的过程后,将进入内部化阶段,体现为在新产品调整与开发中,下一次展会中新产品将再次成为知识载体参与到展览会的新一轮知识扩散中。

对于参展企业而言,展后跟进展览会中获得的知识,并经过社会化、外部化和组合化后的判断调整产品研发,是知识内部化的重要体现。展览会中获得知识的内部化因产品而异,可分为前瞻性产品和即将上市产品两种类型。

对于前瞻性产品,部分企业会在展览会中展示承载了企业最新研发成果的产品,这类产品虽然短期内不会上市,但是内隐了企业对产业痛点的技术突破、理念与思考,如汽车展中展示的概念车。在本书的案例展览会中,部分企业在展览会中面向重要客户展示前瞻性产品,一方面是向重要客户展示最新的研发成果,彰显企业的创新能力;另一方面是搜集重要客户的反馈,验证产品研发的方向与形成产品完善的思路,作为后续产品研发决策的依据。

"(问:我刚刚听到您说,其实你们会主推一些新的产品、爆款产品,还有一些前瞻性的产品,这个前瞻性产品是什么?)新产品,还没有上市的，但是它会在行业上改变一些东西。拿这瓶水来举个例子，一直以来的水瓶都是圆形的，那么为什么我的是圆柱形的？我为什么改变它的形态？一定是在解决思想上有别人解决不了的痛点。但是我们为什么放在展览会上，主要是我们会对一些重要的客户打预防针，就是说我接下来会有这套产品，你怎么看？也是搜集他们的信息回来，例如他说这很好，需要再了解。为什么要在展览会上这样做，因为只有展览会才能把那个东西给展示出来。"

（CEFFCS1-106）

对即将上市的产品，展会结束后企业会将展览会中获取的知识整合内化至产品中，经过微调后将新产品推向市场。在这一过程中，企业围绕自身即将上市的新产品，结合企业展览会后总结和创造的新知识，进行产品调整等决策。产品的调整会通过评审会等会议决策的方式展开，完成产品正式上市前的最后调整。在展览会中获得的知识，一部分将直接反映在即将上市产品的细节调整上，另一部分会内化至产品研发相关的部门员工的隐性知识结构中，内化到下一季度的新品开发甚至长期的产品研发和发展策略中。展览会中获得的知识经过社会化、外部化和组合化后，在产品调整和研发中得以具体化。受访者CEMFGM4-111表示，展后企业将以产品评审会的方式，对即将上市的新产品及其营销计划进行微调，对于现有供应链工艺无法满足的调整会通过更长时间的研讨与论证，在后续的新产品中进行完善，这是展览会中获得知识内部化的体现。

"首先新品一般都是在展览会首秀，首秀完以后，针对这一个产品会有评审，针对产品提升的评审。评审就是一个过程，就是要评价包括对未来市场的判断。我们自己的产品会通过这种评审，包括在展览会亮相的市场反馈，会作一些调整和定调，接下来就会推向市场。对于展览会现场的一些其他市场信息，比如我们的供应商或者是竞争对手的新工艺和产品，我们也会进行搜集，然后开与调研会类似的会议，形成我们接下来的产品方向。

（问：这种论证会持续多长时间？）可能有快有慢，因为我们大多数的产品工艺板块已经非常成熟，其实我们想要推动很快，但是有一些特殊的工艺需要论证，比如现在看到一些皮革类的门板很好看，但是它可能里面也会有一些问题，例如容易发霉，这个问题是需要落实到材质去避免等。越是简单的产品越快，越是复杂的越需要综合去考虑。有些前端设计可以，但是供应链能不能满足工艺要求，能不能量产交付，都要去进行论证。"

（CEMFGM4-111）

"其实我们今年12月的基调已经定了，只是有一些可能要微调，每次参加完展览会之后会有一些新的信息，可能要微调一下，已经基本定了，因为你不可能几个月就做调整，现在计划的是明年的计划，现在可能要考虑明年的新产品。"

（CEMFGM4-107）

"（新产品）其实最主要的是一个设计理念的问题，还有一个是要不断去投入市场以及大家对这个问题的认可，有什么问题都及时地去反馈，然后及时地去调整产品。有些厂商推出的产品一开始不怎么稳定，然后通过市场的反馈，研发人员不断去跟踪那个产品，然后进行调整。"

（AEMFMS2-11）

对于专业观众而言，展览会中获得知识的内部化主要体现在对行业发展最新动态等知识的内隐，与个人知识结构与经验整合为个人知识和企业知识的增长。这一类型的知识增长将在其采购决策和对供应链与市场的预判中体现。

专业观众的知识增长也将丰富企业的知识库,推动企业获取外部知识提升企业竞争力的进程。

最终,展览会形成的临时产业集群对企业进行产品研发与战略决策提供了很好的知识支持。综合企业知识库中原有知识,内化了展览会中获取知识所研发的新产品,将在下一周期举办的展览会中展出,作为知识载体承载了企业最新的市场战略知识和技术知识,参与到新一轮的展览会知识扩散过程中。

6.2 产业层面:产业链知识扩散

在产业层面,展览会形成的临时产业集群促进了知识在全球(全国)产业链的扩散。具体而言,知识主要沿产业链发生纵向与横向知识扩散效应。

6.2.1 产业链纵向知识扩散

展览会的知识扩散促进了产业链的纵向知识扩散,主要体现为市场战略知识的扩散。一方面,供应商根据与客户的沟通与交流,总结市场的产品与技术需求,推动产品的改进与创新;另一方面,客户通过观察供应商产品,了解上游市场的发展情况,从而对市场与采购决策作出支持。最终,形成知识沿产业链的上、下行双向扩散。

市场需求是知识沿产业链上行扩散的主要内容。

①通过互动归纳市场需求一般趋势,支持与指导企业的新产品研发相关决策。参展商在展览会中与大量客户建立临时互动交流关系,通过与客户的直接面对面交流,以贸易为目的,了解市场需求信息。供应商(生产企业)认为被大多数客户反复提及的需求,很可能是市场未来的发展趋势。因此,根据搜集到的市场需求信息,归纳市场一般需求,判断市场发展趋势,总结市场战略知识,并据此确定新产品的研发方向与技术应用。这一学习过程,对企业新一年发展

计划的决策形成重要的参考与支持。受访者MEMFMR4-37与MEMFMT4-40对此进行了相关解释。

"如果客户有需求的话,我们就会投入研发,做出符合他们需求的机器。(问:那样成本很高吧?)对,成本很高,但是如果这个是一个趋势的话,那成本自然就降下来了。我们的机器可以卖给很多家啊,不只是卖给哪一个厂家。(问:哦,那就是在展览会上面有很多客户会过来,然后……)然后我们搜集这些意见之后,归纳出设计方案,制造一些适合大部分厂家需求的机器。这样下一季度的新产品就出来了。其实,展览会最重要的是可以直接面对机器的使用者,或者说厂家的老板。他们之间的反馈才是我们研发的动力。"

(MEMFMR4-37)

"我们要尽量满足客户的要求。比如说,非标的要求(非标准化的要求),客户根据自己的需要,会提出一些非标的要求,那么我们就根据这些进行一一改进。(问:但是每个客户都有不同的要求哦)那么我们就会选取大多数人的要求了,然后去进行一些标准化的设定。比如说,手是手的功能,脚是脚的功能,那么我们把手和脚的功能结合起来的话,就变成了另一个功能。那就是自动化了。我们的趋势在于自动化,既省人工,又省成本。"

(MEMFMT4-40)

同时,也有受访者表示,客户反映的数量并不是归纳市场战略知识,总结市场趋势的唯一标准。企业也会立足自身的知识基础,结合客户提出的需求,对市场进行前瞻性预判。有时候即使提出要求的客户不多,但也可能是重要的市场战略知识,若与企业的前瞻性判断相符,企业也会依此进行产品的开发决策。

> "这并不是一两个客户提出要求就可以的，我们要进行综合分析，第一，问的人多不多；第二，他们提的意见对我们来说具不具有前瞻性，不能说一个人提了就是没用的，如果我觉得这个是非常有发展前景的，那么我们也会试着去做，可以先研发，技术又不急着去卖，一旦有需要，我们就可以推出相关的机器。"

（MEMFMR2-59）

②加强市场知识的流通与循环。日常贸易中，市场需求从终端使用者向代理商、产品生产商、供应商层层扩散，最终供应商根据客户需求设计与生产产品，回卖给终端使用者，市场需求沿产业链形成循环。受访者 MEMFMR4-37 与 MEMFMT4-40 曾对此进行解释。展览会的产业链临时集聚，为产业链各环节企业提供了直接交流的机会。展览会中行动者间纵向关系的互动，突破了市场战略知识沿产业链逐级扩散的常规模式，促进知识在同一时间与空间在产业链多环节间快速扩散，加快了市场需求在市场主体中的循环。

> "客户是机器的直接使用者，平时他们会把信息回馈给贸易商，贸易商再反馈给我们。我们就会去生产出一系列符合他们需求的机器啊，工艺啊。消费者需要什么产品，家具厂设计好后，就要投入生产，投入生产就需要有机器去做，他们告诉设备制造商，制造商设计出他们需要用的机器，再回卖给他们。平时，代理商也会向我们反馈问题，如果代理商解决不了，他们会找我们。我们直接对接客户的话，会获取到很多信息，但是我们对接代理的话，代理会进行筛选。可能他觉得这些不是问题，就不会透露这些信息给我们。"

（MEMFMR4-37）

> "市场有一定的需求，我们所负责的客户，他们也有自己的需求。然后，我们的客户，把他们上一级客户的要求，需要加工的中、高科技

的东西等需求提供给我们,然后我们再来满足他们上一级客户的要求,这是一个循环。"

（MEMFMT4-40）

行业上游发展水平等供应链能力是知识沿产业链下行扩散的主要内容。行业上游发展水平通过客户对新产品的观察,以及与供应商的互动扩散。与参展商(供应商)的观展行为不同,由于大部分客户有采购目的,为了做出最明智的决策,他们会根据自身需求对展览会中所有相关产品进行观察与了解,掌握最全面的资讯,用作展览会后的决策支持。在这一过程中,客户对上游供应链能力有更广泛的了解,同时由于客户是产品的直接使用者,对产业链上游具有较为深厚的认知基础,可对产业链上游的技术与发展水平有比较深刻的了解(如技术、工艺、质量、生产能力等)。受访者MVMFMS4-50在访谈中曾提到相关观点。另外,通过与供应商的交流也可对现状的判断进行补充,以推广新产品为导向,供应商往往将其产品与其他企业的产品进行对比,从而为客户提供另一角度的市场信息。受访者MVMFMS4-50在访谈中曾提到相关观点。通过观察与互动,客户对行业上游发展水平有了更全面的认知。

"(问:采购设备,要对设备发展到什么程度比较了解哦)他们会告诉你的,他们会告诉你他们的设备有哪些优势,比较别人家的设备有什么优势,其他企业的设备大概是一个什么情况,他们会告诉你的。"

（MVMFMS4-50）

"我们一般在展览会的时候,可能会针对这一段b端的投资和客户,他们提出的一些产品上的一些要求,我们会做提升。我们也会关注一些其他板块,供应链出了一些新的(供应商与产品),包括一些新的五金,一些环保级别更高的板块,还有一些很好的工业设备,对我们这些下游企业有什么帮助。"

（CEMFGM4-111）

6.2.2 产业链横向知识扩散

展览会的知识扩散也促进了产业链的横向知识扩散。展览会促进了产品设计理念和技术应用等市场战略知识和技术知识在行业中普及，引发了产业链的展后产品研发与学习等产业创新行为，促进了产业创新。

①展览会中的横向知识扩散实现产品设计理念的扩散，引致企业间的互相模仿与改进，达到产品设计与技术应用等新知识的普及效果，市场战略知识得以扩散。行动者具备相同的知识背景与较为丰富的行业经验，通过关注知识载体——产品的外观、细节以及效果，进行具有针对性的观察与比较，可以读取产品的设计理念及背后所隐藏的市场需求，了解技术在产品中的应用情况。行动者通过了解其他行动者的产品，进行知识搜寻，对自身感兴趣或符合其市场判断的产品进行进一步的关注。部分受访者表示，在展览会中参观同行的展位，目的在于寻找可以发展的新商机与新项目，了解具有市场发展前景的新产品。企业未来的产品研发方向将受到展览会中知识的影响。

> "其实在展览会里面，最主要的还是相互模仿和学习。像这个展会，其实最主要的是同行间的互相模仿、互相学习。看看有没有一些可以做的。首先，我们对自己公司肯定是有了解的，在我们同类产品中，他们有没有升级，有没有更新换代呢？另外，也看看有没有新的东西，看看是否适合我们自己做。（问：那如果他们有新的东西合适的话，你们后续会怎么做？）包括回公司以后，我们会建立一个项目部，自己进行研发和复制。根据同行业其他产品的功能和特性，结合客户的需求，进行有针对性的研发。"
>
> （QEMFST2-16）

"我们在6号展馆有自己的展位呀,还有研发人员来了30个吧,就是专门来看的。他们来看和我不同,因为我刚离职了。他们是带着任务来的,因为是这一行的,他们来看一下自己的产品与其他公司的差距。如果别人有某一方面的新产品,那么他们就可能落后了,产品就卖不出去了,得赶紧回去研发相关的产品。"

（AVMFSR2-01）

除模仿以外,行动者也会根据展览会中获取的知识,改进现有产品,实现产品的改进与提升。其中包括了将竞争对手的产品优势融入自身产品,以及借用相关产品的优势,对自身产品进行创新。

"就像我们的砂光机,我可能也会看看其他机器,和我们砂光机的结构大同小异的,我们可以借用到砂光机上,融入砂光机上。"

（MEMFSR2-63）

展览会中市场战略知识的扩散与产业集群是相似的,同一产业链环节的企业不断模仿成功企业的产品以获得进步。据研发或技术类受访者的回应,展览会中产品的展示,承载着产品的外观、结构、细节,以及如何达到产品效果等知识,通过知道更多的技术应用方式与产品功能,引导其在展览会后进一步思考、学习与尝试应用。部分企业会根据展览会中的新产品成立研发项目,通过自主研发,实现相同或相似的功能,紧跟市场发展潮流,占据市场先机。

②展览会中的同行交流促进技术知识的扩散,引发展后的研发与学习行为。即使展览会实现知识载体——新产品的集中展示,也并不能促进技术知识的完全转移。对于工艺、精度等产品质量的决定因素,以及软件程序等复杂技术知识,由于知识的隐性程度较高,展览会中的行动者难以通过观察辨别与获取。因此,技术知识的扩散需要观察与交流的配合。观察主要实现认知层面的

普及，凭借技术专长与专业化，行动者通过关注产品的功能与效果，了解产品中应用了什么新的技术，属于知事（know what）的层面。受行业技术门槛的影响，在本研究案例涉及的技术行业中，大多数行动者不能通过观察完整地学习到新的技术。门槛在于知识的隐性程度与技术型行动者的知识水平。在知识隐性程度方面，软件编程与产品工艺等知识的隐性程度较高，行动者未能掌握这一部分的编码本。而在知识水平方面，只有具有较长行业经验与技术专长的行动者，如技术工程师，才较大可能实现对新技术的现场学习与吸收。大部分行动者会在展后继续深入了解与学习新技术相关知识。

　　"（问：展览会中他们对技术的展示，你们大概能够了解多少呢？不知道如果你们直接从现场看的话，你们大概能够了解多少。）技术的话，其实也只能了解一个基本面，而很多细节是了解不到的。比如说，功能和性能。功能和性能包括一些技术原理，如果你要问的话，可以问到。我想如果你知道原理的话就差不多了吧。剩下的就是工艺的东西。工艺水平，你达不到的话就没办法，其实原理和功能都是相通的，关键是看你能不能达到那个技术水平。高精尖技术是不能被快速复制的，你看中国的山寨产品，和国外原来的产品比较，还是差很远。可以把理念设计出来，基本功能可以实现，但能不能达到别人的效果呢？是不能的。有很多核心的技术别人是不会外泄的，要看这个技术的类型。（问：所以，一般的公司如果想在展览会里面学习新的技术，是比较难的？）应该是比较难的。"

（AEMFMT3-06）

　　"如果那些技术是比较常规的，那么就没有什么需要了解的了，如果是一些全国首发的软件，那么他们可能会看到这种现象，然后就通过他们的渠道或者资源去了解，但在展览会上面，一般是了解不到的。展览会上只能了解到有这样一个东西，这个东西是好还是不好，如果是好的东西,他们会想办法去学习。"

（AEMFMT3-07）

"我们只能去看,他们不会跟我们说的。看他们的设备,我们是做这样的,我们看一下产品的动作和效果,就能知道个大概。你如果去问的话,毕竟大家是竞争关系,商业机密大家都不说。当然啦,这些机器的价格什么的,我们肯定很容易可以知道,因为产品就是放在这里卖的,我们随便穿个便装就可以去问了,但是涉及里面的原件和结构,就需要我们平时积累一些经验和技术之类,去看了之后,想象一下别人怎么达到这个效果,动作是怎么实现的,怎么简化的。"

（MEMFMR2-59）

"你所谓门的槛高,对于传统来讲是不成立的,但是对于电脑来说成立,就是它会有一整套的程式在里面。那它要做到什么样的功能,跟它们的CPU,软件核心有很大的关系,这个我们没办法一眼看出来,要做很多测试才能拟合出他们的动作。所以,门槛的设定在这个地方作定义。但是传统的结构,就是硬体的部分,我们还是一眼就知道市场怎么做出来的。软件的话,就要进行很多检测才能获得完整的功能影片,才能开始投入研发。"

（MEMFMR4-37）

而知窍（know how）的层面,即新技术的具体操作与实现,需要通过现场与同行的交流与展后学习获得。通过与其他技术人员的面对面交流,了解技术的原理及其实现的工艺,了解除技术基本面以外的知识。展览会中针对技术实现与技术难题的讨论,可以加快技术知识的获得,缩减展后自行摸索与学习的成本。然而,受同行关系敏感的影响,技术知识的交流是相对较弱的。行动者之间的深入技术交流较少,且一般需要通过伪装为客户进行。

"（问：观察好还是交流好？）交流比较好，但是呢，要以采购商的身份，而不是以参展商的身份去交流。不然谁会说啊。（问：是一定要交流才能了解到吗？）其实，你想也能想出来，但就是没有那么直接，需要的时间比较长。"

（MEMFST2-43）

"如果他愿意跟我交流，我也愿意以开放的心态和他们多交流，不愿意和我交流，那也没关系，反正大家是同行，同行共同话题比较多，总是可以聊的，可以从旁边多了解，慢慢套一些话，我只是想学点东西。很多东西，或许他帮我点一下，说不定这个问题就解破了。就是这么个意思。"

（MEMFMR2-59）

"工作原理的话，我们不会说很多，尤其是软件方面，我也很难用大白话去说很多深入的工作原理。一般顾客考虑的是实用，所以他们更加关注产品的功能设计、使用是否方便。一般顾客很少会去详细了解工作原理的。不会说得太详细，因为毕竟这些东西是有专利的。如果问得很详细，一般是同行，同行才会专门去了解工作原理。假如是开发人员，那么就要防备一下了。"

（AEMFMT3-07）

可以说，根据展览会中的横向比较、调研、互动，行动者能获取全面的同行知识，通过展中的学习与展后的研发攻关，不但新产品与新技术在行业中得以普及，而且扩散速度大大加快。也正是因为新产品曝光于同行会促使新知识扩散速度提升，一些拥有核心技术以及尚未将产品理念转化为产品的企业，对参展是抱有保留态度的。

"所以说，在展览会上，我们展出最新最近在研发的新产品、新技术,你肯定要展示,不展示别人也会展示,在这样的技术环境下,还是要展示。我们一般会展示已经能够做出产品的东西,比如新产品,但是如果你只有一个理念,还没有实现,你就千万不要展示出来。因为如果别人看到了,在研发上比你快一步,看到这个理念不错,回去就赶紧研发,你还在宣传呢,别人的东西都已经出来了。这就等于给别人出主意了,对吧。所以说,有好的想法,还是自己先实现,才推出来,让别人跟在你屁股后面做,但不一定能够做得同样好。要是有一天,他能够完全做出来了,那么我们就应该要有新的东西做出来。这样,跟着别人走,永远跟不上。"

(AEMFMS4-08)

"还有一些公司不会来参加展览会,他不敢。因为他的展品只要放在这里就会被别人模仿,有一家公司我蛮熟的,我问他来不来,他说不来,怕被模仿。"

(AVMFSR2-01)

因此,展览会的横向知识扩散,是企业日后制定未来产品研发与投资决策的重要依据,犹如一条导火线,会引发产业后续的一系列创新与研发。时间虽短,但临时产业集群所引发的高强度知识活动,同行之间的互相学习,是展览会作为行业新知识中心的重要优势。展览会中大量新产品与知识库的集聚,形成了一个有力的知识集合,在产业层面上引起了行业的新一轮创新,加速行业创新的螺旋式上升。

6.3　小结

综上所述,展览会知识扩散在企业层面和产业层面都引发了知识的扩散与创造,促进了新一轮的企业创新与产业进步。

在企业层面,展览会知识扩散的效应体现为展览会中获取知识参与企业知识创造的过程,通过知识的社会化、外部化和组合化、内部化,最终将在企业的新产品研发和策略调整中得以体现。新产品作为知识载体承载最新的显见隐性知识,企业参展员工作为企业知识库代表,会在下一周期的展览会中参与新一轮的知识扩散。展览会知识扩散参与企业层面知识创造的效应形成如图6.1所示。

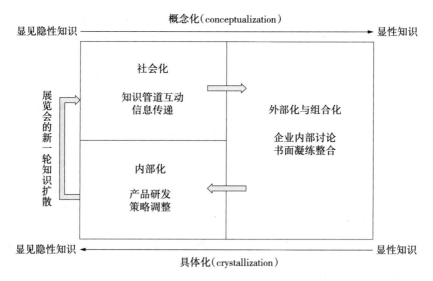

图6.1　展览会中获取知识参与企业知识创造的效应形成过程

在产业层面,展览会促进了知识在全球(全国)产业链的扩散,形成了知识沿产业链的纵向与横向扩散,引起了行业的新一轮创新,加速行业创新的螺旋式上升。一是,展览会的知识扩散促进了产业链的纵向知识扩散,以市场需求为主的市场战略知识沿产业链上行扩散,以行业上游发展水平等供应链能力为主的知识沿产业链下行扩散。二是,展览会聚集了产业链多个环节的企业在现场进行面对面交流,突破了市场需求从终端使用者向代理商、产品生产商、供应商层层扩散,最终触达供应商的日常模式。展览会现场的沟通是跳跃的、多向的,加快了市场需求在市场主体中的循环。三是,展览会的知识扩散也促进了产业链的横向知识扩散,产品设计与技术应用等新知识在同行间快速普及,引致企业间的互相模仿与改进,市场战略知识得以扩散。同时,展览会中的同行交流促进技术知识的扩散,引发展后的研发与学习行为。在展览会中,行动者可以通过关注产品的功能与效果,了解到产品中应用的新技术,获取知事知识,而新技术的具体操作与实现等知窍层面则在展后学习中进一步扩散。展览会的横向知识扩散就如同一条导火线,引发了产业后续的一系列创新与研发。

第7章 结论与讨论

7.1 研究结论

基于临时产业集群视角,本书选取五个展览会作为案例,对展览会知识扩散机制、网络与效应进行研究,得出如下结论。

在展览会知识扩散机制方面,本书从展览会知识扩散的内容、媒介、行动者、环境四个方面展开,并讨论它们之间的联系与交互,构建知识扩散机制。研究结论主要有以下四项。

①展览会中的知识主要分为市场战略知识与技术知识两大类,知识呈现显见隐性的特征。展览会中的显见隐性知识扩散,行动者在相同或相近的行业经验与专业知识的认知邻近下,通过专有编码进行知识的获取、沟通与交流。

②知识载体与知识库在地理空间上的集聚,是展览会知识扩散机制中的知识供给源。基于临时产业集群视角,通过某一特定产业的新产品与行动者的短时间、高密度聚集,展览会成为行业知识的热点。作为知识载体,新产品是行业知识的最终实现,承载着行业最新的设计理念、技术应用与市场需求等知识,通过在展览会中对效果与性能的高强度开放式展示,以及多产品聚集所形成的对比,形成行业新知识的外化。知识以知识载体为媒介在展览会中集聚并扩散。展览会中的行动者是所属企业及单位知识库的代表,是知识库中想法与理念等

知识的传播者。行动者的集聚犹如知识库的集聚,以新产品为语境,围绕知识载体,开展知识互动。

③展览会形成认知邻近的以"新"为导向的知识社区,是展览会中知识得以高效率吸收的条件。展览会是一种专业人士聚集的活动,行动者具有明显的行业专业化特征,对知识载体的高敏感度,使其在展览会中能通过行业内专有编码快速吸收新知识。来自同一行业的具有相近知识背景与丰富行业经验的远距离行动者集聚,形成知识社区,大大提高知识扩散效率。对于行业以外的人士,展览会内扩散的知识是隐性与不可识别的,即展览会中知识扩散存在行业壁垒。另外,行动者对新产品与新关系建立的强调,使知识社区具有了"新"的导向与特色。

④展览会中知识库与知识载体之间发生交互,知识通过互动、调研、观察、对比的方式扩散。横向知识扩散是指处于产业链同一环节行动者之间的知识扩散,以行动者与知识载体之间的交互为主,行动者之间的交互为辅,横向比较、调研与互动性学习是主要方式;纵向知识扩散主要是指处于产业链不同环节行动者之间的知识扩散,知识扩散以互动式学习与观察式学习并重的方式进行。

因此,展览会中知识扩散的内容、媒介、行动者、环境是一个有机整体,缺一不可,知识扩散有赖于其中的交互。在展览会知识扩散机制下,行业知识得以快速与高效传播。

在展览会知识扩散网络结构方面,基于展览会知识扩散机制研究结果,本书选取横向知识扩散这一截面,从现状对"因"的关注,转向对"果"的探索,进一步探讨横向知识扩散所形成的网络结构,分析知识扩散特点,反思网络结构对知识扩散的影响。选取2014年中国国际标签印刷设备展为案例,运用社会网对其中的标签设备参展企业构建市场战略知识网与技术知识网进行分析,研究结论主要有以下五项。

①展览会中知识横向扩散为非均匀扩散,网络中存在少量孤立的行动者,

网络中知识活动活跃度、行动者之间的交互度存在局部差异。网络中孤立的行动者往往认为没有必要关注其他行动者及其产品与技术，而其自身也未受到网络中其他行动者的关注。网络中行动者的知识交互存在差异，局部区域知识活动更频繁，提供的知识更为丰富。

②横向知识扩散网络呈现关联度高的特点，网络结构稳健。网络中大部分行动者与其他行动者存在知识交互关系，表明展览会中行动者从与网络中更多行动者建立的知识转移与扩散临时联系中获取新知识，知识有效到达网络中的大部分行动者。展览会中知识互动扁平化，网络交互融合，知识自由流通，不存在知识中间人等控制网络的行动者。知识来源分散，知识在网络中的扩散效率高，沟通直接，无须经过冗余路径。

③横向知识扩散网络中心化程度不高，网络不存在少量高影响力行动者统领的现象。网络中行动者广泛进行知识搜寻，知识来源不集中在少量特定的行动者，行动者在网络中可根据自身需求接收多样化的知识。案例横向知识扩散网络的外向中心度低于内向中心度，侧面证明了行动者视展览会为广泛搜寻知识的机会，在展览会中积极进行行业知识的搜集与学习。

④领先企业在市场战略知识横向扩散网络中的地位较高，占据重要位置。研发能力高的领先企业，在市场战略知识横向扩散中更可能处于重要地位，受更多行动者的关注，形成重要的市场战略知识来源。领先企业具有更高的声望，对展览会中其他行动者的市场趋势判断与市场战略决策产生重要影响，甚至引领行业发展潮流。

⑤市场知识横向扩散网络与技术知识横向扩散网络存在差异，展览会更有利于市场战略知识的扩散。市场知识横向扩散网络密度、点出中心势、关联度均高于技术知识网络，表现出展览会中横向关系行动者之间，技术知识与市场知识的搜寻存在差异。市场知识扩散活动比技术知识扩散活动更加密集与活跃，更受行动者的关注。因此，由案例网络推论，技术型展览会提供更丰富的市场战略知识，更有利于市场战略知识的扩散。

在展览会知识扩散效应方面,本书从企业和产业两个层面进行解析。企业层面以 Nonaka(1994)提出的企业知识创造 SECI 模型为基础,探讨展览会中获取的知识如何参与到企业知识创造过程中。产业层面则从知识沿产业链的纵向和横向扩散的角度,归纳展览会如何促进产业知识扩散与创新。研究结论主要有以下三项。

①展览会中获取知识通过社会化、外部化与组合化增进了企业知识库,最终在企业的新产品研发与发展策略中得以内部化。新产品内隐显见隐性知识,企业参展员工作为企业知识库代表,将在下一周期的展会中参与新一轮的知识扩散。知识社会化通过展后企业与新建立的知识管道持续互动,并通过企业内参加展会与未参加展会的员工之间分享与共同工作得以扩散。外部化和组合化则通过企业内部会议和总结报告等内部讨论和书面整合展开,是展览会中获取知识参与企业知识创造的关键环节。在这一环节中,显见隐性知识得以概念化为可以口头与文字表达,经过讨论和整合达成企业内部共识的显性知识。最后,企业根据展览会中获得的知识对即将上市产品和前瞻性产品进行不同程度的改进,同时也拓展与增进了知识库的知识积累。知识具体化至新产品研发中,新产品承载最新理念与技术应用参与到新一轮的展览会知识扩散中。

②展览会促进了知识在全球(全国)产业链的扩散,知识沿产业链的纵向扩散主要体现为市场战略知识的上下行双向扩散。市场需求是知识沿产业链上行扩散的主要内容,通过产业链各环节企业的面对面交流,突破了市场战略知识沿产业链逐级扩散的常规模式,促进知识在同一时间与空间在产业链多环节间快速扩散和跨级传播。行业上游发展水平等供应链能力则是知识沿产业链下行扩散的主要内容,对下游行动者的采购与投资决策形成支持。

③展览会促进了产品设计理念和技术应用等市场战略知识和技术知识的横向扩散,引发了产业链的展后产品研发与学习等产业创新行为。展览会中的横向知识扩散实现产品设计理念的扩散,导致企业之间的互相模仿与改进,达

到产品设计与技术应用等新知识的普及效果,市场战略知识得以扩散。同行交流促进技术知识的扩散,引发展后的研发与学习行为。通过展中的学习与展后的研发攻关,新产品与新技术在行业中得以普及,而且扩散速度大大加快。

7.2 讨论:与已有研究的对话

基于临时产业集群,本书印证了 Maskell 等(2004)、Bathelt 等(2008)、Bathelt 等(2010)、Schuldt 等(2011)的系列研究成果,再次强调了展览会在行业知识扩散中的重要地位,是行业知识扩散的重要场所,是业内专业人士面对面交流所形成的特有交流方式,提高了知识扩散的效率。在中国情境下,展览会知识扩散呈现与国外研究成果相似的规律。同时,在已有研究的基础上也提出了新的结论与观点。

在知识扩散机制方面,本书在印证已有研究的基础上,对以下四个问题进行了探究。

①相比于其他知识扩散渠道,展览会具有什么特点,更有利于传播什么样的知识？首先,展览会的价值很大程度上在于对"新"的强调,这也是展览会的重要特质。以往研究虽然没有明确展览会对"新"的关注在知识扩散过程中的重要地位,但分析中也提及了这一观点。在 Schuldt 等(2011)实证研究中,新产品、新技术、新工艺、新解决方案、新组合,以及其引领的新趋势、新发展被反复提及。实证研究认为,展览会对"新"的强调应该得到进一步重视,"新"元素在知识扩散过程中是举足轻重的,诸如新产品、新工艺、新解决方案的大产品范畴,是外化行业知识的重要载体。另外,展览会中大量同一行业专业人士的集聚,使其成为显见隐性知识扩散的平台。大量尚未编码的新知识与难以编码的行业判断,通过行业内的专有编码进行扩散。可见,展览会更多地作用于新知识与专业知识的扩散。关注技术采用者数量与时间关系的传染病模型表明,技

术扩散呈"S"型趋势(Geroski, 2000),新技术推出初期,信息不对称导致技术采用者增长缓慢。根据本书结论,展览会将很有可能成为技术扩散中的拐点,在展览会的产品与技术推广中,提升新技术与新知识的普及速度。

②展览会的什么特点促进了知识扩散,是什么因素使其成为行业知识扩散的热点。现有研究主要从两个角度解释:其一,供应商与客户之间的贸易需求,促使双方不断根据新的要求作出适应与改进,在不间断的磨合中,知识发生转移。这与价值链中的知识扩散现象有异曲同工之妙。其二,产业链企业的临时地理邻近,面对面的交流降低了沟通与交易成本,形成高密集度的知识活动,使知识得以扩散。然而,以上观点是否全面呢? 本研究提出了不同的结论。现有研究只关注知识的传播与发送,而忽略了知识的获取与吸收,在此基础上对展览会知识扩散过程的理解是有缺失的,往往高估了商贸关系与地理邻近的作用。这是由知识的多义性与显见隐性知识的传播壁垒决定的。Bathelt 等(2010)的研究中曾提及展览会中存在知识社区,专业人士聚集在展览会中进行交流,并根据自身的兴趣与背景逐渐形成一个个小型的知识社区,促进知识扩散的效率,本研究认同这一观点。然而,本研究结论显示,行动者间相近的知识背景使得展览会成为一个大的行业知识社区,行动者间的认知邻近不仅是知识扩散效率的催化剂,而且是展览会知识扩散的基本条件。只有同时具备认知邻近与地理邻近,知识才能得以有效与高效地扩散,才能对知识扩散的机制作出解释。缺乏认知邻近,则行动者无法有效获取产品外化的知识,或识别更多有用的信息,知识扩散则无法进行。这也是理解专业展相对于综合展的竞争优势与生命力的重点。

③知识在展览会中如何扩散? Reychav(2009)、Bathelt 等(2008, 2010)、Schuldt 等(2011)更关注知识扩散的实体与结构部分,即在什么时间与地点下哪些行动者发生互动,从而传播了什么知识或信息。

在整体层面上,本书认为,应将展览会的知识扩散视为一个系统。在对知识扩散过程的解释中,增加了传播媒介的构面,即知识扩散的承载物是什么。本书认为，新产品在展览会知识扩散中起着知识载体的作用，行业新知识通过新产品进行外化，展览会中的知识活动主要围绕新产品进行，新产品为展览会设定了一个特定的语境。在对知识扩散媒介的分析中，展览会与其他专业集聚活动（包括论坛、会议等）的特点被突出，反映出展览会知识扩散的特殊性。

在微观层面上，现有研究仍停留在行动者之间沟通什么内容，能够获得什么知识，如市场趋势的判断、问题解决、启发等，而并未对行动者如何将沟通或观察获得的信息转化为知识，实现知识的转移。本书通过展览会知识扩散的内容、载体、行动者与环境的互动对此进行解释。如市场战略知识的获取，生产企业通过与大量客户的交互搜集市场需求信息，并通过对信息的数量与特点进行归纳，最终采取客户需求的共性部分判断市场趋势，从而把对市场的准确把握从客户向生产企业转移。

④展览会中行动者存在不同类型的关系，他们的知识获取方式存在什么异同？为何存在异同？在临时产业集群的视角下，本书将展览会中的行动者与产业链串联，在现有文献的基础上梳理了其中的知识互动形式，主要分为横向与纵向两个方向的知识扩散。Maskell 等（2006）提出，沿产业价值链横向与纵向的知识交换是展览会可视为临时产业集群的重要原因。Bathelt 等（2008）曾研究行动者与客户、竞争者、供应商、合作企业的不同沟通方式。刘亮（2012）研究整理出展览会发展初期重视纵向信息交流，成长期开始重视横向信息交流的结论。由于行动者之间的利益差异，横向知识扩散与纵向知识扩散存在很大的差异，将两种交互方式分开考虑是具有意义的。本研究在一定程度上印证了 Reychav（2009）的"适应客户要求—适应供应商要求—合作—获取知识—学习行为"的知识螺旋式上升过程，知识通过供应商—客户交流扩散。该研究中受访者通过里克特量表评估各项知识活动，而本书的定性研究对此进行了补充。在横向知识扩散方面，现有研究提出行动者重视展会中的市场调研，通过观察与比较竞争对手产品获取知识（Bathelt et al., 2010）。本研究印证了这

一结论的同时,发现部分行动者甚至会设立专门的调研团队,伪装为客户,对感兴趣或具有竞争威胁的产品进行深入了解,搜集产品参数、技术原理等资料,以利于参考与模仿。这种情况在行业中并不罕见,也被行动者视为非常有效的方法之一,因此本书将这种学习方法称为调研式学习。调研式学习体现了行动者在展览会中获取知识的强目的性,在中国情境下已经成为一种有目的、有组织的市场调研活动。同时,竞争对手间需要通过伪装成客户打探消息的行为,与展览会作为开放性高的知识交流平台形成了矛盾,引出了新的问题:被誉为高开放性公共学习场所的展览会,知识交流开放程度究竟如何,是否存在局部差异?

在横向知识扩散网络结构方面,本研究运用社会网分析法构建横向知识扩散网络,分析知识扩散所形成的网络结构,研究知识扩散形态。本研究临摹了展览会中知识扩散的网络特征。此前,Ling-yee(2006)以关系学习(relationship learning)为视角,关注参展商与专业观众间的知识扩散关系。本书的网络临摹则对此进行了补充,回应了Rosson等(1995)将展览会视为一张由参展商与专业观众结成的网络的观点。通过社会网络分析法,研究结果对现有研究进行了回应。首先,以定量的数据印证了展览会中全球蜂鸣的特点,大多数行动者在知识扩散网络中,行动者就新产品进行广泛交流。网络关联性高,行动者沟通高效,地位较为平等。其次,行动者核心与边缘位置分析印证了Bathelt等(2010)、Schuldt等(2011)关于行业领先企业在网络中传播知识而较少吸收新知识的结论,大部分外向中心度高的行动者,其内向中心度较低,或为零。最后,以网络定量数据对展览会知识扩散形成了新的认识,包括横向知识扩散并非均匀网络,展览会有利于提供更为丰富的市场战略知识等。

在展览会知识扩散效应方面,已有研究关注展览会临时产业集聚后知识如何影响永久产业集群。本研究从企业和产业层面,深化了Bathelt等(2008)提出的受国际展览会影响的知识扩散模型与Ramírez-Pasillas(2010)、Power等(2010)的相关研究。一则,本研究归纳了展后知识如何参与企业的知识创造过程。除了展会后知识在永久产业集群企业之间的知识扩散（Bathelt et al.，2008；Ramírez-Pasillas，2010），知识也在企业内部催化知识创造。本研究从微观的角度剖析了展览会后知识如何整合与内化至知识库中，补充了已有研究对企业内部知识活动的忽视。二则，本研究增进了对展览会作为周期性集群的理解（Power et al.，2010），当知识内部化至企业的产品研发后，新产品将作为知识载体参与下一周期的展览会知识扩散，形成了"永久产业集群—临时产业集群—永久产业集群"的知识扩散闭环，补充了 Bathelt 等（2008）的知识扩散模型。对展览会知识扩散效应的剖析，深化了对展览会作为产业知识中心之一持续引发产业创新的作用理解，以及对行业旗舰展览会（龙头展览会）是行业风向标的价值认知。

值得注意的是，本研究将展览会视为临时产业集群，在经济地理学对临时集聚和对知识扩散影响的关注之下，从临时产业集群反观产业集群也是学界希望探讨的。展览会与产业集群的知识扩散形态存在不少相似之处：其一，知识的非均匀扩散。结论印证了 Lissoni（2001）、Giuliani 等（2005）、Boschma 等（2007）关于产业集群中知识扩散并非均匀的结论。在展览会中，并非所有行动者都参与知识扩散活动，存在少数孤立的行动者。另外，展览会横向知识扩散网络中存在成分与派系，在一定程度上回应了 Lissoni（2001）认为知识在一个个知识社区（epistemic community）中扩散的结论，但本书案例展览会中行动者形成的派系并不多。其二，领先企业在知识扩散中的地位。展览会中，行动者在知识扩散中处于不同的位置，扮演不同的角色。研发能力高的领先企业在市场战略知识网络中占据重要位置，是展览会中的市场知识扩散源头，印证了 Genet 等（2012）、Giuliani 等（2005）的结论。其三，认知邻近是企业沟通与知识高效扩散的必要条件，印证了 Huber（2012）、Giuliani（2005）的研究结论。其四，市场战略知识扩散活动强于技术知识活动。研究印证了 Boschma 等（2007）关于市场战略知识网络较技术知识网络密集的相关结论。由此可见，展览会与产业集群的知识扩散网络结构存在相似之处。

然而,临时性与长期关系的区别也使得两种企业集聚存在差异:其一,展览会的知识扩散活动更活跃。Boschma等(2007)选取了意大利巴勒塔市鞋类产业集群进行案例研究,得出集群中仅有少数企业处于知识网络内,大部分企业仅仅是地理邻近,而不存在知识交换。本研究结论与此有所差异。展览会中大部分企业存在知识交换关系,知识活动强于Boschma等(2007)所研究的集群。在一定程度上反映了展览会知识活动比产业集群密集,临时性特征使知识扩散高强度进行。这一差别也有可能是行业差异造成的,需要后续进一步研究。其二,展览会注重新知识与新知识库的交互。产业集群的地理位置固定,使得本地企业形成固定的关系。Boschma(2005)研究表明,长期地理邻近与接触本地知识库有可能陷入知识的锁定,因此需要建立外部管道与远距离新知识库接触。而展览会中,行动者与新客户以及其他地区厂商的交互,则是新外部知识交互的重要场所。本研究立足于产业集群知识扩散研究基础,研究结果与产业集群研究进行对比,为临时与产业集群的对比提供了有益启示。

7.3 研究启示

在知识经济时代,了解展览会知识扩散的机制、结构与效应具有重要的现实意义。本书对展览会知识扩散机制、网络结构与效应的结论,将从三个方面对实践产生有益的启示。

第一,关于展览会在行业发展中作用与地位的思考。专业性展览会对行业知识扩散的影响越来越重要,体现其作为生产性服务业的价值。专业性展览会的知识集聚特性,使展览会对行业创新的推动作用不可替代,与行业发展及创新的关系越来越密切。展览会对行业创新的推动不在一时,而是作为导火线,引发分布在全球(或区域)各地企业的新一轮研发,对整个地区甚至全球产业推动有不可忽视的影响。由此可见,展览会作为生产性服务业的一种,具有创新推动力强、持久与范围广的特点。

第二,关于展览业发展趋势的思考。本书研究结果印证了专业性展览会的优势。从参展商与专业观众的参展效益来看,一方面,专业性展览会在产品范围更为聚焦,更符合参展商与专业观众具有目的性的知识搜索;另一方面,展览会中扩散知识的显见隐性特性,同一行业产品、同一专业背景的人聚集,使知识的供给与吸收都达到最大化。因此,基于临时产业集群的专业性展览会是其高效率获取行业知识的保证。而综合性展览会中各行业产品与参展个体的汇聚,则会增加参展个体的知识搜索成本,降低知识扩散效率。这为综合性展览会逐渐变少提供了另一种解释。基于参展个体的知识搜寻行为,专业性展览会的发展将向展览题材越来越聚焦、产业链覆盖范围越来越广的方向发展。

第三,关于展览会成功举办经验的思考。本书研究结果也能为展览会行业实践提供有益的启示。展览会在行业知识扩散过程中的作用,是打造具有行业风向标作用的展览会的抓手。其一,着眼于展览会在行业知识扩散中的重要地位,主办方应了解参展商与专业观众的需求,在招展与招商过程中有的放矢,根据展览题材的产业链结构,拓展展览会的新细分题材,对参展企业结构进行优化配置,以增加参展商与专业观众的参展效益。其二,行业领先企业对展览会发展的影响,绝不只限于客户资源的溢出,企业知识基础与行业地位是影响参展商在横向知识扩散中位置的因素,因此行业领先企业对行业知识扩散的影响是不容忽视的,其缺席将对展览会知识相关活动的强度与效果产生直接的影响,因此,如何让其加大对展览会的投入,推出更具影响力的新产品,调配更有经验的参展人员,引爆展览会中的知识热点,是增强展览会在同类展会中竞争力的重点之一。其三,挖掘参展商与专业观众的知识需求,以多媒体等多种手段协助其降低知识搜寻成本,提升知识获取效率,是展览会客户关系管理中不可忽视的一环。

7.4 研究创新点、不足与展望

7.4.1 研究贡献

第一,以知识管理研究体系为基础,回归知识的本源,归纳展览会中知识的显见隐性特征。分析知识扩散的载体与表现形式,从本质上研究展览会作为知识扩散热点的特点,弥补因对知识特点的模糊认知所导致的知识与信息混淆的不足。将展览会知识扩散从一般知识活动中剥离,更好地理解展览会知识扩散的特征。

第二,基于临时产业集群视角,打破仅以地理邻近为研究思路的局限,得出认知邻近是展览会知识扩散的必要条件。该结论对现有研究形成补充,对展览会如何促进知识扩散形成更加全面的认识。

第三,立足产业集群知识研究体系,归纳展览会知识扩散的机制。紧扣临时产业集群特征,还原行动者在产业链上的位置关系,以横向知识扩散与纵向知识扩散两个链条,梳理展览会各组成要素的交互关系。弥补研究零散的不足,在现有研究基础上的再深化为对展览会知识扩散特点的理解,形成更加系统化的认识。

第四,本研究构建了展览会横向知识扩散网络,包括市场战略知识网与技术知识网,实现了对知识扩散轨迹的追踪,以此达到了定性研究无法获得的结论。关注展览会知识扩散机制下所形成的知识网络结构,表明在知识扩散的机制之下,展览会形成了一个行动者参与度高、知识沟通直接、网络凝聚程度高的稳健网络。网络的建立打开了展览会内部知识扩散的黑箱,对知识扩散机制的分析、展览会促进知识扩散的特点、知识扩散受什么因素的影响等认识,提供了动态化的理解。对现有理论分析与定性研究形成有力补充与启示,丰富了现有研究体系。

7.4.2　创新点

本文的创新点主要有以下三点。

第一，基于临时产业集群的视角进行研究，形成系统化的分析框架。将展览会中的行动者置于产业链链条之上进行分析，厘清行动者之间的关系及其所产生的知识交互行为，以对展览会知识扩散的机制形成更系统化的理解。

第二，以知识管理研究及产业集群知识管理研究为研究基础。展览会知识相关现有研究存在知识概念模糊、缺乏理论支持与根基。本书以成熟的产业集群知识研究体系为理论储备，尝试攻克展览会知识扩散研究的瓶颈，关注展览会知识外化及其吸收的过程，加强对展览会中的知识特性及其扩散过程的理解，为现有研究提供新的思路。

第三，运用社会网分析法深化对展览会知识扩散网络的临摹。引入社会网分析对网络结构与特征进行分析，实现展览会知识扩散的具象化，为现有研究提供新的见解；基于社会网分析结果，对展览会知识扩散进行定量化的研究，对现有研究进行补充。

7.4.3　研究不足

在展览会知识扩散机制研究中主要存在以下两点不足。

第一，展览会是一个知识扩散的复杂系统，其中知识扩散的方式是多样化的。由于知识扩散机制研究是对现象的规律性提炼，本研究归纳而得的机制并未包含实践中的所有细节与多元化行为模式，有待后续研究的进一步丰富与深化。

第二，展览会中参展商与专业观众在短短两三天内进行交流与获取信息，行程安排紧张。受调研对象的受访意愿以及其时间安排的影响，本研究的访谈工作并未覆盖展览会中行动者的所有类型。

在展览会横向知识扩散网络结构研究中主要存在以下三点不足。

第一,网络范围的局限性。由于整体网研究需要对网络边界进行明确界定,以及整体网的构建使用名单回忆法,需要将整体网中所有行动者进行列表,考虑调研的可行性,本书选取拥有固定展位的参展商为调研对象进行横向知识扩散网络构建,未考虑同行作为专业观众观展的情况,有待后续研究的进一步完善。

第二,案例研究的可推广性存在限制。本书对2014年标签展进行案例分析,建立整体网。案例分析在结论推广性上存在一定的局限性,本书研究按照展览筛选标准,选取具有代表性典型案例进行研究,在一定程度上弥补了此方面的不足。

第三,整体网构建中存在网络中节点缺失的限制。本书对选定整体网范围内的企业逐一进行拜访并提出调研邀请,但调研仍存在一定的拒绝率,导致整体网的网络构建中存在一部分缺失点。本书整体网的网络节点应答率为74.2%,高于现有研究Boschma等(2005)的节点应答率,Giuliani等(2005)的节点应答率为32%。同时,本书对回收数据进行拟合度检验,数据与总体拟合度优良,尽量降低了节点缺失对研究的影响。

7.4.4　研究展望

第一,本书针对技术类专业性展览会进行知识扩散的研究,重点分析其中的知识扩散机制及其网络结构。其他类型的展览会(如设计导向型展览会)中,知识扩散的机制是否存在新的补充?另外,展览会中行动者是异质的,那么在知识扩散过程中,他们的行为存在什么差异,分别处于什么地位和角色?展览会知识扩散机制的多元化与差异性需要得到进一步的研究。

第二,基于临时产业集群视角,本书构建了展览会知识扩散的机制,但产业集群与临时产业集群存在什么差异,两者在企业知识扩散与行业创新中分别处于什么地位,需要进行进一步的研究。

第三,本书运用社会网分析法对展览会中横向知识扩散网络结构进行研究,反映知识扩散的形态,为展览会知识扩散的定量化研究作出了有益尝试。展览会中知识扩散的整体结构或形态如何,纵向知识扩散的结构与形态如何,与横向知识扩散网络存在哪些差异? 需要作进一步的研究与探讨。再者,行动者之间的其他网络与知识扩散网络的关系也值得进一步探讨,包括情感网与咨询网等。另外,是否还有其他方法可以更好地临摹展览会的知识扩散网络,能否对知识扩散的动态演化进行模拟与预测,需要后续研究的大胆创新与进一步探讨。

参考文献

[1] ABOU-ZEID E S. A culturally aware model of inter-organizational knowledge transfer[J]. Knowledge Management Research & Practice, 2005, 3(3): 146-155.

[2] ABRAHAMSON E, ROSENKOPF L. Social network effects on the extent of innovation diffusion: A computer simulation[J]. Organization Science, 1997, 8(3): 289-309.

[3] AFONSO O. Diffusion and directed technological knowledge, human capital and wages[J]. Economic Modelling, 2013, 31(1): 370-382.

[4] ALBINO V, GARAVELLI A C, SCHIUMA G. Knowledge transfer and inter-firm relationships in industrial districts: The role of the leader firm[J]. Technovation, 1998, 19(1): 53-63.

[5] ALMEIDA P. Knowledge sourcing by foreign multinationals: Patent citation analysis in the U.S. semiconductor industry[J]. Strategic Management Journal, 1996, 17(S2): 155-165.

[6] ANTONELLI C, QUÉRÉ M. The governance of interactive learning within innovation systems[J]. Urban Studies, 2002, 39(5-6): 1051-1063.

[7] ARGOTE L, INGRAM P. Knowledge transfer: A basis for competitive advantage in firms[J]. Organizational Behavior and Human Decision Processes, 2000, 82(1): 150-169.

[8] ARGOTE L, MCEVILY B, REAGANS R. Managing knowledge in organizations: An integrative framework and review of emerging themes[J]. Management Science, 2003,49(4):571-582.

[9] ARIKAN A T. Interfirm knowledge exchanges and the knowledge creation capability of clusters[J]. Academy of Management Review, 2009,34(4):658-676.

[10] ARNDT O, STERNBERG R. Do manufacturing firms profit from intraregional innovation linkages? an empirical based answer[J]. European Planning Studies, 2000,8(4):465-485.

[11] ASHEIM B T, ISAKSEN A. Regional innovation systems: The integration of local "sticky" and global "ubiquitous" knowledge[J]. The Journal of Technology Transfer, 2002,27(1):77-86.

[12] BAHAR D, HAUSMANN R, HIDALGO C A. Neighbors and the evolution of the comparative advantage of nations: Evidence of international knowledge diffusion?[J]. Journal of International Economics, 2014,92(1):111-123.

[13] BANTING P M, BLENKHORN D L. The role of industrial trade shows[J]. Industrial Marketing Management, 1974,3(5):285-295.

[14] BAPTISTA R. Geographical clusters and innovation diffusion[J]. Technological Forecasting and Social Change, 2001,66(1):31-46.

[15] BASS F M. A new product growth for model consumer durables[J]. Management Science, 2004,50(12 Supplement):1825-1832.

[16] BATHELT H, MALMBERG A, MASKELL P. Clusters and knowledge: Local buzz, global pipelines and the process of knowledge creation[J]. Progress in Human Geography, 2004,28(1):31-56.

[17] BATHELT H, SCHULDT N. Between luminaires and meat grinders: International trade fairs as temporary clusters[J]. Regional Studies, 2008, 42(6): 853-868.

[18] BATHELT H, SCHULDT N. International trade fairs and global buzz, part I: Ecology of global buzz[J]. European Planning Studies, 2010, 18(12): 1957-1974.

[19] BATJARGAL B. Social capital and entrepreneurial performance in *Russia*: A longitudinal study[J]. Organization Studies, 2003, 24(4): 535-556.

[20] BECHTEL W, ABRAHAMSEN A. Explanation: A mechanist alternative[J]. Studies in History and Philosophy of Science Part C: Studies in History and Philosophy of Biological and Biomedical Sciences, 2005, 36(2): 421-441.

[21] BELL G G, ZAHEER A. Geography, networks, and knowledge flow[J]. Organization Science, 2007, 18(6): 955-972.

[22] BELLANDI M. The industrial district in Marshall[J]. Small firms and industrial districts in Italy, 1989: 136-52.

[23] BELLIZZI J A, LIPPS D J. Managerial guidelines for trade show effectiveness [J]. Industrial Marketing Management, 1984, 13(1): 49-52.

[24] BETTIS-OUTLAND H, CROMARTIE J, JOHNSTON W, et al. The return on trade show information (RTSI): A conceptual analysis[J]. The Journal of Business & Industrial Marketing, 2010, 25(4): 268-271.

[25] BLACK R. The trade show industry: Management and marketing career opportunities[R]. Trade Show Bureau, East Orleans, 1986.

[26] BORGHINI S, GOLFETTO F, RINALLO D. Ongoing search among industrial buyers[J]. Journal of Business Research, 2006, 59(10-11): 1151-1159.

[27] BOSCHMA R A, LAMBOOY J G. Knowledge, market structure, and economic coordination: Dynamics of industrial districts[J]. Growth and Change, 2002, 33 (3): 291-311.

[28] BOSCHMA R A, TER WAL A L J. Knowledge networks and innovative performance in an industrial district: The case of a footwear district in the south of

Italy[J]. Industry and Innovation, 2007,14(2):177-199.

[29] BOSCHMA R. Proximity and innovation: A critical assessment [J]. Regional Studies, 2005,39(1):61-74.

[30] BRAUN B M. The economic contribution of conventions: The case of Orlando, Florida[J]. Journal of Travel Research, 1992,30(3):32-37.

[31] BRESCHI S, LISSONI F. Mobility and social networks: Localised knowledge spillovers revisited [C]// Empirical Economics of Innouation and Patenting, March 14-15, 2003, Mannheim, 2003, 1-28.

[32] CASANUEVA C, CASTRO I, GALÁN J L. Informational networks and innovation in mature industrial clusters[J]. Journal of Business Research, 2013, 66 (5):603-613.

[33] CHEN J H, MCQUEEN R J, SUN P Y T. Knowledge transfer and knowledge building at offshored technical support centers [J]. Journal of International Management, 2013,19(4):362-376.

[34] COLEMAN J, KATZ E, MENZEL H. The diffusion of an innovation among physicians[J]. Sociometry, 1957,20(4):253-270.

[35] COWAN R, DAVID P A, FORAY D. The explicit economics of knowledge codification and tacitness[J]. Industrial and Corporate Change, 2000,9(2):211-253.

[36] COWAN R, JONARD N. Network structure and the diffusion of knowledge[J]. Journal of Economic Dynamics and Control, 2004,28(8):1557-1575.

[37] COZZENS S E. The knowledge pool: Measurement challenges in evaluating fundamental research programs [J]. Evaluation and Program Planning, 1997, 20 (1):77-89.

[38] CREVOISIER O. The innovative milieus approach: Toward a territorialized understanding of the economy?[J]. Economic Geography, 2004,80(4):367-379.

[39] DAHL M S, PEDERSEN C Ø R. Knowledge flows through informal contacts in industrial clusters: Myth or reality?[J]. Research Policy, 2004,33(10):1673-1686.

[40] DANGELICO R M, GARAVELLI A C, PETRUZZELLI A M. A system dynamics model to analyze technology districts' evolution in a knowledge-based perspective[J]. Technovation, 2010,30(2):142-153.

[41] DASGUPTA K. Learning and knowledge diffusion in a global economy [J]. Journal of International Economics, 2012,87(2):323-336.

[42] DAVENPORT T H, PRUSAK L. Working knowledge: Managing what your organization knows[J]. Ubiquity, 2000, 2000:1-15.

[43] DEKKER R, DE HOOG R. The monetary value of knowledge assets: A micro approach[J]. Expert Systems With Applications, 2000,18(2):111-124.

[44] DEN FLERTOG J F, HUIZENGA E. The knowledge enterprise: implementation of intelligent business strategies [M]. World Scientific Publishing Company, 2000.

[45] DONG S, JOHAR M, KUMAR R. Understanding key issues in designing and using knowledge flow networks: An optimization-based managerial benchmarking approach[J]. Decision Support Systems, 2012,53(3):646-659.

[46] DUAN Y Q, NIE W Y, COAKES E. Identifying key factors affecting transnational knowledge transfer[J]. Information & Management, 2010,47(7/8):356-363.

[47] ELKINS Z. On waves, clusters, and diffusion: A conceptual framework[J]. The Annals of the American Academy of Political and Social Science, 2005, 598(1):33-51.

[48] ELSTER J. Nuts and bolts for the social sciences[M]. Cambridge: Cambridge University Press, 1989.

[49] FLEMING L, KING Ⅲ C, JUDA A I. Small worlds and regional innovation[J]. Organization Science, 2007,18(6):938-954.

[50] FOSS N, PEDERSEN T. Transferring knowledge in MNCs: The role of sources of subsidiary knowledge and organizational context[J]. Journal of International Management, 2002,8(1):49-67.

[51] FREEMAN C. Networks of innovators: A synthesis of research issues[J]. Research Policy, 1991,20(5):499-514.

[52] GENET C, ERRABI K, GAUTHIER C. Which model of technology transfer for nanotechnology? A comparison with biotech and microelectronics[J]. Technovation, 2012,32(3-4):205-215.

[53] GEROSKI P A. Models of technology diffusion[J]. Research Policy, 2000,29 (4/5):603-625.

[54] GERTLER M S. "Being there": Proximity, organization, and culture in the development and adoption of advanced manufacturing technologies [J]. Economic Geography, 1995,71(1):1-26.

[55] GERTLER M S. Tacit knowledge and the economic geography of context, or The undefinable tacitness of being (there)[J]. Journal of Economic Geography, 2003,3(1):75-99.

[56] GILBERT M, CORDEY-HAYES M. Understanding the process of knowledge transfer to achieve successful technological innovation [J]. Technovation, 1996,16(6):301-312.

[57] GIULIANI E, BELL M. The micro-determinants of meso-level learning and innovation: Evidence from a Chilean wine cluster[J]. Research Policy, 2005,34 (1):47-68.

[58] GIULIANI E. Cluster absorptive capacity why do some clusters forge ahead and others lag behind?[J]. European Urban and Regional Studies, 2005,12(3):

269-288.

[59] GLENNAN S. Rethinking mechanistic explanation[J]. Philosophy of Science, 2002,69(S3):S342-S353.

[60] GODAR S H, O'CONNOR P J. Same time next year—Buyer trade show motives[J]. Industrial Marketing Management, 2001,30(1):77-86.

[61] GOH A T. Knowledge diffusion, input supplier's technological effort and technology transfer via vertical relationships[J]. Journal of International Economics, 2005,66(2):527-540.

[62] GOPALAKRISHNA S, ROSTER C, SRIDHAR S. An exploratory study of attendee activities at a business trade show[J]. The Journal of Business & Industrial Marketing, 2010,25(4):241-248.

[63] GRANOVETTER M S. The strength of weak ties[J]. American Journal of Sociology, 1973, 78(6): 1360-1380.

[64] GREENFIELD H I. Manpower and the growth of producer services[M]. New York: Columbia University Press, 1966.

[65] GRILICHES Z. The Search for R&D Spillovers[J]. The Scandinavian Journal of Economics, 1992, 94: S29-S47.

[66] GUPTA S, POLONSKY M. Inter-firm learning and knowledge-sharing in multinational networks: An outsourced organization's perspective [J]. Journal of Business Research, 2014,67(4):615-622.

[67] HÅKANSON L. Epistemic communities and cluster dynamics: On the role of knowledge in industrial districts[J]. Industry and Innovation, 2005, 12(4): 433-463.

[68] HANNEMAN R A, RIDDLE M. Introduction to social network methods[M/OL]. Riverside, CA: University of California, Riverside, 2005[2014-06-01] http://faculty. ucr. edu/ ~ hannewanl.

[69] HAREM T, KROGH G, ROOS J. Knowledge-based strategic change[M]// Managing Knowledge-Perspectives on Cooperation and Competition, SAGE Publications, 1996:47-58.

[70] HEDSTRÖM P, YLIKOSKI P. Causal mechanisms in the social sciences[J]. Annal Review of Sociology, 2010,36:49-67.

[71] HERBIG P, O'HARA B, PALUMBO F. Differences between trade show exhibitors and non-exhibitors[J]. Journal of Business & Industrial Marketing, 1997, 12(6):368-382.

[72] HOEKMAN J, FRENKEN K, van OORT F. The geography of collaborative knowledge production in Europe[J]. The Annals of Regional Science, 2009,43 (3):721-738.

[73] HOLSAPPLE C W, SINGH M. The knowledge chain model: Activities for competitiveness[J]. Expert Systems with Applications, 2001,20(1):77-98.

[74] HUBER F. On the role and interrelationship of spatial, social and cognitive proximity: Personal knowledge relationships of R&D workers in the Cambridge information technology cluster[J]. Regional Studies, 2012,46(9):1169-1182.

[75] HUBER G P. Organizational learning: The contributing processes and the literatures[J]. Organization Science, 1991,2(1):88-115.

[76] HUMPHREY J, SCHMITZ H. How does insertion in global value chains affect upgrading in industrial clusters? [J]. Regional Studies, 2002, 36(9): 1017-1027.

[77] INGRAM P, ROBERTS P W. Friendships among competitors in the Sydney hotel industry[J]. American Journal of Sociology, 2000,106(2):387-423.

[78] JENSEN M B, JOHNSON B, LORENZ E, et al. Forms of knowledge and modes of innovation[J]. Research Policy, 2007,36(5):680-693.

[79] KAMATH A. Interactive knowledge exchanges under complex social relations:

A simulation model of a developing country cluster[J]. Technology in Society, 2013,35(4):294-305.

[80] KERIN R A, CRON W L. Assessing trade show functions and performance: An exploratory study[J]. Journal of Marketing, 1987,51(3):87-94.

[81] KIM H, PARK Y. Structural effects of R&D collaboration network on knowledge diffusion performance [J]. Expert Systems with Applications, 2009, 36 (5):8986-8992.

[82] KRACKHARDT D, HANSON J R. Informal networks[J]. Harvard business review, 1993,71(4):104-111.

[83] KRENG V B, TSAI C M. The construct and application of knowledge diffusion model[J]. Expert Systems with Applications, 2003,25(2):177-186.

[84] LAMMING R. Beyond partnership: strategies for innovation and lean supply [M]. London: Prentice hall, 1993. In: ALBINO V, GARAVELLI A C, SCHIUMA G. Knowledge transfer and inter-firm relationships in industrial districts: the role of the leader firm[J]. Technovation, 1998, 19(1): 53-63.

[85] LANE P J, LUBATKIN M. Relative absorptive capacity and interorganizational learning[J]. Strategic Management Journal, 1998,19(5):461-477.

[86] LAZARSFELD P F, BERELSON B, GAUDET H. The people's choice: How the voter makes up his mind in a presidential campaign[M].New York: Columbia Vniversify Press,1948.

[87] LIN M, LI N. Scale-free network provides an optimal pattern for knowledge transfer[J]. Physica A: Statistical Mechanics and its Applications, 2010,389 (3):473-480.

[88] LING-YEE L. Relationship learning at trade shows: Its antecedents and consequences [J].Industrial Marketing Management, 2006,35(2):166-177.

[89] LING-YEE L. Marketing resources and performance of exhibitor firms in trade

shows: A contingent resource perspective [J]. Industrial Marketing Management, 2007, 36(3): 360-370.

[90] LISSONI F. Knowledge codification and the geography of innovation: The case of Brescia mechanical cluster[J]. Research Policy, 2001, 30(9): 1479-1500.

[91] LOUIS-SIDNEY L, CHEUTET V, LAMOURI S, et al. A conceptual model for the implementation of an Inter-Knowledge Objects Exchange System (IKOES) in automotive industry[J]. Engineering Applications of Artificial Intelligence, 2012, 25(5): 1090-1101.

[92] LUNDVALL B A. Innovation as an interactive process: From user-producer interaction to the national system of innovation[J]. African Journal of Science, Technology, Innovation and Development, 2009, 1(2-3): 10-34.

[93] MACKINNON D, CUMBERS A, CHAPMAN K. Learning, innovation and regional development: A critical appraisal of recent debates[J]. Progress in Human Geography, 2002, 26(3): 293-311.

[94] MALMBERG A, MASKELL P. The elusive concept of localization economies: Towards a knowledge-based theory of spatial clustering[J]. Environment and Planning A, 2002, 34(3): 429-449.

[95] MALMBERG A, POWER D. (how) do (firms in) clusters create knowledge? [J]. Industry and Innovation, 2005, 12(4): 409-431.

[96] MARSHALL T H. Class, citizenship, and social development[M]. Santa Barbara: Praeger, 1964.

[97] MÄRZ S, FRIEDRICH-NISHIO M, GRUPP H. Knowledge transfer in an innovation simulation model[J]. Technological Forecasting and Social Change, 2006, 73(2): 138-152.

[98] MASKELL P, BATHELT H, MALMBERG A. Building global knowledge pipelines: The role of temporary clusters[J]. European Planning Studies, 2006, 14

(8):997-1013.

[99] MASKELL P, BATHELT H, MALMBERG A. Temporary clusters and knowledge creation: The effects of international trade fairs, conventions and other professional gatherings[J/OL]. Spatial Aspects Concerning Economic Structures, 2004[2013-09-15].

[100] MASKELL P, MALMBERG A. Localised learning and industrial competitiveness[J]. Cambridge Journal of Economics, 1999,23(2):167-185.

[101] MASKELL P. Towards a knowledge-based theory of the geographical cluster [J]. Industrial and Corporate Change, 2001,10(4):921-943.

[102] MAYHEW B H, LEVINGER R L. Size and the density of interaction in human aggregates[J]. American Journal of Sociology, 1976, 82(1): 86-110.

[103] MCGUINNESS M, DEMIRBAG M, BANDARA S. Towards a multiperspective model of reverse knowledge transfer in multinational enterprises: A case study of Coats plc[J]. European Management Journal, 2013,31(2):179-195.

[104] MEYER-STAMER J. Path dependence in regional development: Persistence and change in three industrial clusters in Santa Catarina, Brazil[J]. World Development, 1998,26(8):1495-1511.

[105] MORRISON A. Gatekeepers of knowledge within industrial districts: Who they are, how they interact[J]. Regional Studies, 2008,42(6):817-835.

[106] MOWERY D C, OXLEY J E, SILVERMAN B S. Strategic alliances and inter-firm knowledge transfer[J]. Strategic Management Journal, 1996,17:77-91.

[107] MUNUERA J L, RUIZ S. Trade fairs as services: a look at visitors' objectives in Spain[J]. Journal of Business Research, 1999, 44(1): 17-24.

[108] NASSIMBENI G. Network structure and coordination mechanism: a taxonomy international[J]. Journal of Operations and Production, 1998, 18(6) : 538-544.

[109] NELSON R R, WINTER S G. An evolutionary theory of economic change [M]. Cambridge, Mass.: Belknap Press of Harvard University Press, 1982.

[110] NONAKA I, TAKEUCHI H. The knowledge-creating company [J]. Harvard Business Review on Knowledge Management, 1995.

[111] NONAKA I. A dynamic theory of organizational knowledge creation[J]. Organization Science, 1994, 5(1): 14-37.

[112] NONAKA I, TOYAMA R, NAGATA A. A firm as a knowledge-creating entity: A new perspective on the theory of the firm [J]. Industrial and Corporate Change, 2000, 9(1): 1-20.

[113] NOOTEBOOM B. Learning by interaction: Absorptive capacity, cognitive distance and governance [J]. Journal of Management and Governance, 2000, 4 (1): 69-92.

[114] O'HARA B, PALUMBO F, HERBIG P. Industrial trade shows abroad[J]. Industrial Marketing Management, 1993, 22(3): 233-237.

[115] ØSTERGAARD C R. Knowledge flows through social networks in a cluster: Comparing university and industry links[J]. Structural Change and Economic Dynamics, 2009, 20(3): 196-210.

[116] OWEN-SMITH J, POWELL W W. Knowledge networks as channels and conduits: The effects of spillovers in the Boston biotechnology community[J]. Organization Science, 2004, 15(1): 5-21.

[117] POLANYI M. Personal knowledge: Towards a post-critical philosophy [M]. London: Routledge & Kegan Paul Ltd, 1958.

[118] POLANYI M. Personal knowledge: Towards a post-critical philosophy [M]. Corrected ed. London: Routledge & Kegan Paul Ltd, 1962.

[119] POLANYI M. The logic of tacit inference[J]. Philosophy, 1966, 41(155): 1-18.

[120] PORTER M E. Clusters and the new economics of competition[M]. Boston: Harvard Business Review, 1998, 76(6): 77-90.

[121] PORTER M E. The Competitive Advantage of Notions[J]. Harvard business review, 1990: 73-93.

[122] POWELL W W, KOPUT K W, SMITH-DOERR L. Interorganizational collaboration and the locus of innovation: Networks of learning in biotechnology[J]. Administrative Science Quarterly, 1996,41(1):116-145.

[123] POWELL W W, SNELLMAN K. The knowlodge economy[J]. Annual Review of Sociology, 2004, 30: 199-200.

[124] POWER D, JANSSON J. Cyclical clusters in global circuits: Overlapping spaces in furniture trade fairs[J]. Economic Geography, 2008,84(4):423-448.

[125] PURSER R E, PASMORE W A. Organizing for learning[M]. Research in organizational change and development, London: JAI Press Inc, 1992.

[126] RAMÍREZ-PASILLAS M. International trade fairs as amplifiers of permanent and temporary proximities in clusters[J]. Entrepreneurship & Regional Development, 2010,22(2):155-187.

[127] REAGANS R, MCEVILY B. Network structure and knowledge transfer: The effects of cohesion and range[J]. Administrative Science Quarterly, 2003,48(2):240-267.

[128] REYCHAV I. Knowledge sharing in a trade show: A learning spiral model[J]. Vine, 2009,39(2):143-158.

[129] RIBEIRO L C, RUIZ R M, ALBUQUERQUE E, et al. The diffusion of technological knowledge through interlaced networks[J]. Computer Physics Communications, 2011,182(9):1875-1878.

[130] RICE G, ALMOSSAWI M. A study of exhibitor firms at an Arabian Gulf trade

show: goals, selection criteria and perceived problems [J]. Journal of Global Marketing, 2002, 15(3-4): 149-172.

[131] ROBERTSON T S. The process of innovation and the diffusion of innovation [J]. Journal of Marketing, 1967, 31(1): 14-19.

[132] RODAN S, GALUNIC C. More than network structure: How knowledge heterogeneity influences managerial performance and innovativeness [J]. Strategic Management Journal, 2004, 25(6): 541-562.

[133] ROGERS E M. Diffusion of Innovations [M]. 4th Edition. New York: The Free Press, 2010.

[134] ROGERS T. Conferences and conventions [M]. Oxford, UK: Routledge, 2007.

[135] ROSSON P J, SERINGHAUS F H R. Visitor and exhibitor interaction at industrial trade fairs [J]. Journal of Business Research, 1995, 32(1): 81-90.

[136] RYCHEN F, ZIMMERMANN J B. Clusters in the global knowledge-based economy: Knowledge gatekeepers and temporary proximity [J]. Regional Studies, 2008, 42(6): 767-776.

[137] SCHULDT N, BATHELT H. International trade fairs and global buzz. part Ⅱ: Practices of global buzz [J]. European Planning Studies, 2011, 19(1): 1-22.

[138] SCOTT A J. Regions and the world economy: The coming shape of global production, competition, and political order [M]. Oxford: Oxford University Press, 1999.

[139] SERINGHAUS F H R, Rosson P J. International trade fairs and foreign market involvement: Review and research directions [J]. International Business Review, 1994, 3(3): 311-329.

[140] SHARLAND A, BALOGH P. The value of nonselling activities at international trade shows [J]. Industrial Marketing Management, 1996, 25(1): 59-66.

[141] SHU L B, CHEN R. Analysis on influence factors of knowledge transfer within

R & D unit under technological innovation perspective [C]//2007 International Conference on Service Systems and Service Management, June 9-11, 2007, IEEE, Chengdu, China.

[142] SINGH J. Collaborative networks as determinants of knowledge diffusion patterns[J]. Management Science, 2005,51(5):756-770.

[143] SMITH T M, HAMA K, SMITH P M. The effect of successful trade show attendance on future show interest: Exploring Japanese attendee perspectives of domestic and offshore international events[J]. Journal of Business & Industrial Marketing, 2003,18(4/5):403-418.

[144] STORPER M, VENABLES A J. Buzz: The economic force of the city[C]// DRUIO Summer Conference, June 6-8, 2002, Copenhagen, Elsinore, 1-43.

[145] SZULANSKI G. The process of knowledge transfer: A diachronic analysis of stickiness[J]. Organizational Behavior and Human Decision Processes, 2000, 82(1):9-27.

[146] TALLMAN S, JENKINS M, HENRY N, et al. Knowledge, clusters, and competitive advantage[J]. Academy of Management Review, 2004,29(2):258-271.

[147] TANNER J F Jr, CHONKO L B, PONZURICK T V. A learning model of trade show attendance[J]. Journal of Convention & Exhibition Management, 2001, 3(3):3-26.

[148] TANNER J F Jr, CHONKO L B. Trade show objectives, management, and staffing practices[J]. Industrial Marketing Management, 1995,24(4):257-264.

[149] TANNER J F Jr. Leveling the playing field: Factors influencing trade show success for small companies[J]. Industrial Marketing Management, 2002,31(3):229-239.

［150］TEO T S H, BHATTACHERJEE A. Knowledge transfer and utilization in IT outsourcing partnerships: A preliminary model of antecedents and outcomes ［J］. Information & Management, 2014,51(2):177-186.

［151］THOMPSON E R. Clustering of foreign direct investment and enhanced technology transfer: Evidence from Hong Kong garment firms in China［J］. World Development, 2002,30(5):873-889.

［152］TSAI C M. Integrating intra-firm and inter-firm knowledge diffusion into the knowledge diffusion model［J］. Expert Systems With Applications, 2008, 34 (2):1423-1433.

［153］TSAI W, GHOSHAL S. Social capital and value creation: The role of intrafirm networks［J］. Academy of Management Journal, 1998,41(4):464-476.

［154］UZZI B. Social structure and competition in interfirm networks: The paradox of embeddedness［J］. Administrative Science Quarterly, 1997,42(1):35-67.

［155］WANG P, TONG T W, KOH C P. An integrated model of knowledge transfer from MNC parent to China subsidiary［J］. Journal of World Business, 2004,39 (2):168-182.

［156］WEICK K E. Cognitive processes in organizations［J］. Research in Organizational Behavior, 1979,1(1):41-74.

［157］WILBUR S, WILLIAM E P. Men, Women, Messages, and Media: Understanding Human Communication ［M］. 2版. 何道宽, 译. 北京:中国人民大学出版社, 2010:47-57.

［158］WILKINS J, van WEGEN B, de HOOG R. Understanding and valuing knowledge assets: Overview and method ［J］. Expert Systems with Applications, 1997,13(1):55-72.

［159］WOODWARD J. What is a mechanism? A counterfactual account［J］. Philosophy of Science, 2002,69(S3):S366-S377.

[160] WU J N, LILIEN G L, DASGUPTA A. An exploratory study of trade show formation and diversity[J]. Journal of Business-to-Business Marketing, 2008, 15 (4):397-424.

[161] WUYTS S, COLOMBO M G, DUTTA S, et al. Empirical tests of optimal cognitive distance[J]. Journal of Economic Behavior & Organization, 2005, 58(2): 277-302.

[162] XUAN Z G, XIA H X, DU Y Y. Adjustment of knowledge-connection structure affects the performance of knowledge transfer[J]. Expert Systems With Applications, 2011, 38(12):14935-14944.

[163] YUKSEL U, VOOLA R. Travel trade shows: Exploratory study of exhibitors' perceptions[J]. The Journal of Business & Industrial Marketing, 2010, 25 (4):293-300.

[164] ZHAO Y Q, WANG G J, BAO Z Q, et al. A game between enterprise and employees about the tacit knowledge transfer and sharing[J]. Physics Procedia, 2012, 24:1789-1795.

[165] ZACK M H. Managing codified knowledge[J]. MIT Sloan Management Review, 1999, 40(4):45-58.

[166] ZAHEER A, BELL G G. Benefiting from network position: Firm capabilities, structural holes, and performance[J]. Strategic Management Journal, 2005, 26 (9):809-825.

[167] ZHU Y W, BATHELT H, ZENG G. Are trade fairs relevant for local innovation knowledge networks? Evidence from Shanghai equipment manufacturing [J]. Regional Studies, 2020, 54(9):1250-1261.

[168] 陈向明. 质的研究方法与社会科学研究[M]. 北京:教育科学出版社, 2000.

[169] 韩玉刚,焦华富,李俊峰. 中国省际边缘区产业集群的网络特征和形成机

理:以安徽省宁国市耐磨铸件产业集群为例[J].地理研究,2011,30(5):814-826.

[170] 冷晓彦.企业隐性知识管理国内外研究述评[J].情报科学,2006,24(6):944-948.

[171] 李二玲,李小建.基于社会网络分析方法的产业集群研究:以河南省虞城县南庄村钢卷尺产业集群为例[J].人文地理,2007,22(6):10-15.

[172] 李志刚,汤书昆,梁晓艳,等.基于网络结构的产业集群知识创新和扩散绩效[J].系统工程,2007,25(5):1-8.

[173] 林聚任.社会网络分析:理论、方法与应用[M].北京:北京师范大学出版社,2009.

[174] 刘军.整体网分析讲义:UCINET软件实用指南[M].上海:格致出版社,2009.

[175] 刘亮.基于国际展览会的暂时性集群发展研究[D].上海:华东师范大学,2012.

[176] 刘亮,曾刚.国际暂时性集群发展研究:以国际展览会为例[J].世界地理研究,2012,21(1):131-138.

[177] 罗家德.社会网分析讲义[M].北京:社会科学文献出版社,2005.

[178] 罗秋菊,保继刚.专业观众展览会参观目的及其类型研究:东莞国际机械及原料展览会案例探究[J].桂林旅游高等专科学校学报,2007(5):731-735.

[179] 罗秋菊,庞嘉文,靳文敏.基于投入产出模型的大型活动对举办地的经济影响:以广交会为例[J].地理学报,2011,66(4):487-503.

[180] 罗秋菊,陶伟.会展与城市经济社会发展关系研究:以中国出口商品交易会(广交会)为例[J].北京第二外国语学院学报,2004,26(3):30-37.

[181] 罗秋菊.专业观众展览会参观动机研究:来自东莞的证据[J].暨南学报(哲学社会科学版),2008,30(2):47-52.

[182] 谭大鹏,霍国庆,王能元,等.知识转移及其相关概念辨析[J].图书情报工作,2005,49(2):7-10.

[183] 万幼清,王战平.基于知识网络的产业集群知识扩散研究[J].科技进步与对策,2007,24(2):132-134.

[184] 王国红.知识溢出与产业集群中的企业学习研究[M].北京:科学出版社,2010.

[185] 王缉慈,等.创新的空间:企业集群与区域发展[M].北京:北京大学出版社,2001.

[186] 王晓娟.知识网络与集群企业竞争优势研究[D].杭州:浙江大学,2007.

[187] 徐乾.产业集群中的知识传播与企业竞争优势研究[M].杭州:浙江大学出版社,2009.

[188] 殷国鹏,莫云生,陈禹.利用社会网络分析促进隐性知识管理[J].清华大学学报(自然科学版),2006,46(S1):964-969.

[189] 游静.面向多主体信息系统集成的知识扩散路径优化研究[D].重庆:重庆大学,2008.

[190] 约翰·斯科特.社会网络分析法[M].2版.刘军,译.北京:社会科学文献出版社,2005.

[191] 张德茗.企业隐性知识整合及扩散机制研究[M].北京:经济科学出版社,2012.